打鼓嶺鄉志

打鼓嶺區
鄉事委員會 著

李家超特首賀辭

《打鼓嶺鄉志》 出版誌慶

連根續脈

鑑古知今

行政長官李家超

陳國基司長序

值《打鼓嶺鄉志》出版之際,特此撰序,謹致以衷心祝賀!

打鼓嶺位處北區,擁有近 20 條村落,當中不乏超過 300 年歷史的古村,個別的甚至建於明末清初或更早時期,蘊含悠久歷史和豐富傳統人文價值。《打鼓嶺鄉志》作為新界 27 鄉的首本鄉志,有條不紊地記述打鼓嶺數百年歷史、文化和鄉民集體記憶,展現此地獨特面貌和價值,並以圖文保留村落人文風景,甚具參考價值。

昔日,打鼓嶺是香港的後花園;今日,隨著特區政府全力建設北部都會區,作為香港經濟增長新引擎,打鼓嶺在香港發展策略中的重要性正逐步提升。打鼓嶺與深圳一河之隔,位處北部都會區的口岸商貿及產業區。該區憑藉擁有三個口岸——即羅湖、文錦渡和香園圍——之利,有潛力發展各種與口岸相關、或需較大土地面積運作的經濟用途,可建設口岸商圈及新興產業基地,對接深圳羅湖區發展,使港深兩地深化合作大有可為,助力粵港澳大灣區高質量發展。

同時,北部都會區內多個傳統鄉鎮,擁有豐富歷史和人文資源,將與未來發展融合調和,貫徹城鄉共融的理念。北部都會區新發展區的城市規劃將採用更和諧設計,使新規劃的住宅和新興產業發展,與歷史文化悠久的鄉郊和富有自然特色的鄉村有機結合。

此時此刻,打鼓嶺處於過去與未來的分水嶺,我們能夠通過《打鼓嶺鄉志》鑒古知今,實在別具意義。我衷心感謝打鼓嶺區鄉事委員會,以及香港中文大學歷史系阮志博士及其團隊為此書付出的心血,希望廣大讀者閱畢後有所啟發、受益良多。

政務司司長

陳國基

麥美娟局長序

打鼓嶺位處新界北區，擁有不少傳統鄉村，保留了獨特的民俗風貌。這些村落源遠流長，既是香港城郊發展的時代見證，也是本地鄉村文化的重要載體。

所謂「觀今宜鑑古，無古不成今」，本鄉志追述打鼓嶺的悠悠歷史，梳理箇中變遷，讓讀者撫今思昔，了解其發展脈絡，傳承集體回憶。《打鼓嶺鄉志》得以成書，源於打鼓嶺鄉事委員會牽頭搭橋，發起修志重任，亦有賴編撰團隊走訪各村落，仔細考證文獻史料。各方通力合作，拼湊出打鼓嶺的往昔風景，以供留存後世，誠為美事。

香港特別行政區政府向來支持民間記錄本港歷史，訴說香港故事。編修鄉志好比尋根溯源，有利建立身分認同，促進社會團結一致，意義殊深。展望未來，隨著北部都會區建設推展，打鼓嶺定會迎來一番新氣象。此際出版鄉志，讓大家緬懷舊日，薪傳文化，正是繼往開來，恰合時宜。

冀望本書能存史育人，耀鄉利港；也祝願打鼓嶺的歷史文化代代相傳，未來發展欣欣向榮。

民政及青年事務局局長

麥美娟

麥美娟局長序

甯漢豪局長序

我每次到訪打鼓嶺區鄉事委員會，都會被大門的對聯吸引：

「打鼓嶺下耕讀傳家彰顯中原古風遺韵厚德載物

深圳河邊詩書繼世畫出南粵萬象更新自強不息」

從這對聯中，我深深感受到打鼓嶺區鄉事委員會全人守護打鼓嶺傳統的決心、發揚打鼓嶺文化的情懷，以及推動打鼓嶺發展的期盼。

打鼓嶺位於北部都會區東面的口岸商貿及產業區，地利位置優越，享有羅湖、文錦渡及香園圍三個口岸，可以發揮強大的口岸商貿功能，帶動不同新興產業發展。打鼓嶺亦對接深圳羅湖區，有助香港發揮「背靠祖國、聯通世界」的獨有優勢，更好融入國家發展大局。鄉事委員會早前就打鼓嶺一帶的發展進行概念規劃研究，並向政府提交了研究結果和建議。我十分感謝鄉事委員會對推動北部都會區發展的支持和寶貴意見。

鄉事委員會更背起了傳承和發揚打鼓嶺鄉村歷史文化的任務，特別委託香港中文大學歷史系阮志博士及其團隊，編修這本鄉志——《打鼓嶺鄉志》。當鄉事委員會主席陳月明議員邀請我為《打鼓嶺鄉志》作序時，實在深感榮幸，亦對鄉事委員會出版此刊物的堅毅決心，感到萬分敬佩。

北部都會區內的傳統鄉鎮，擁有豐富的歷史和人文資源，可以與未來發展融合調和，營造城鄉共融的特色。《打鼓嶺鄉志》對北部都會區發展的規劃及設計團隊實是一塊瑰寶，它就著如何把既有的鄉郊歷史文化特色與新發展融合，促進城、鄉、自然共融等方面，提供了很大的參考價值。對大眾讀者而言，一書在手，便可了解打鼓嶺的數百年鄉村歷史和傳統文化，並加深對香港新界發展的認識。在《打鼓嶺鄉志》細訴打鼓嶺區歷史故事的同時，我相信打鼓嶺區定必繼續發光發亮，自強不息。

發展局局長

甯漢豪

劉業強主席序

從遠古時代開始，人類就在鄉村建立起自己的家園，鄉村不僅是人類文明的搖籃，更承載著豐厚的歷史價值和文化傳承。在這片鄉土上，我們共同生活、共同努力，見證著時光流轉和環境變遷。

《打鼓嶺鄉志》是一本關於打鼓嶺鄉的寶貴記錄，從開埠起源，到今天因北部都會區建設而迎來重大發展機遇，見證了一代又一代新界原居民的默默耕耘和奮鬥成就。

打鼓嶺區鄉事委員會經歷數年籌備，邀請本地大學團隊，研究打鼓嶺鄉數百年歷史、地理、人文風情、信仰風俗和約 20 條鄉村的發展進程，以文字詳細記述，再呈現讀者眼前。在閱讀此書時，我們彷彿一同穿越時空，感受這片鄉土的深厚底蘊和豐富內涵，讓我們更深入了解打鼓嶺鄉的過去、現在與未來，亦讓打鼓嶺鄉的故事，成為永恆的文化遺產。

我希望此書能夠成為一個窗口，讓外界進一步了解鄉村的發展，同時激發更多人關注和保育香港村落的歷史與文化價值。

是為序。

新界鄉議局主席
劉業強

劉業強主席序

劉智鵬教授序

打鼓嶺鄉乃香港新界最北部聚落，其名甚具文化動感，據聞源於清朝某年。其時此地民眾屢受深圳河北黃貝嶺居民欺侮，不勝其擾，遂設大皮鼓擊打示警，並集結民眾共禦外敵，因而得名。另一說謂此地狀如盆谷，大風起時聲鳴如鼓，故以打鼓名其地云云。

此地除打鼓一名頗富傳奇色彩，其他地名及相連地帶亦饒有性格。東南西北分別有紅花嶺、上水華山、老鼠嶺、白虎山，有如武俠小說場景；至於恐龍坑、鳳凰湖、上山雞乙、下山雞乙之類，則更惹人遐思；究竟得名之初，此地是否充斥史前飛禽走獸！

新界各鄉，打鼓嶺離中環政經中心最遠，難免越出一般視界之外；香港市民但知此地奇寒極暑，隆冬氣溫動輒低於攝氏零度，盛夏不輸內地各大火爐。其實 1898 年英國強租新界之後，打鼓嶺位列北區四大分區，涵蓋地理範圍極廣，包括今日羅湖、文錦渡、香園圍三大口岸，可見絕非無人問津之地。

今日打鼓嶺位處香港北部都會區核心地帶，毗連世界級新都會深圳市，聯通港深雙城，地位今非昔比。後之視今，當見香港地圖上打鼓嶺以特大字體居於北都之中，信非虛言。

打鼓嶺鄉事委員會主席陳月明議員巾幗不讓鬚眉，2019 年出掌打鼓嶺鄉以來，造福鄉梓良多；並邀得阮志博士主持編修《打鼓嶺鄉志》，承傳中華文化修志優良傳統，以期賡續新界原居民歷史文化，可謂當代楷模，千秋垂訓！值此《打鼓嶺鄉志》刊布大喜之日，謹綴數語，以為序為賀！

劉智鵬
甲辰季春於屯門虎地

打鼓嶺鄉志

篇目

第一章

概述

打鼓嶺位於新界北部，自明清時期已有人居住，現時居民約八千人。

打鼓嶺一方面保留了很多在市區已經漸漸見不到的中國傳統文化風俗和歷史古蹟；另一方面，由於位處北部都會區的核心，與深圳接壤，在香港未來發展中充滿機遇。

打鼓嶺鄉為香港新界的一個鄉郊地區，地處香港北部邊界，跟深圳市以深圳河為界，總面積約 2,100 公頃。打鼓嶺東接沙頭角，西接上水、粉嶺等地區。本鄉包括：香園圍、松園下、竹園、木湖、瓦窰、新屋嶺、鳳凰湖、週田、李屋、簡頭圍、塘坊、坪洋、瓦窰下、禾徑山、坪輋、大埔田、上山雞乙、下山雞乙、羅湖、得月樓等政府認可並安排法定村代表選舉的 20 條村落 [1]。

20 世紀中期，較多居民聚居的區域還有：較寮、沙嶺、水流坑、坪洋周邊等，但並不符合納入村代表選舉的準則要求。其後，鄉內的一些地方如圓茶壺、啟芳園、摩囉樓、打鼓嶺菜站周邊和打鼓嶺鄉村政府大樓周邊等區域也有不少居民。

香港特區政府 2021 年進行人口普查，本鄉常住居民約 8,000 人。根據村代表們估計的綜合數據，移居市區或國外鄉親約兩萬人。

建置沿革

香港地區有史籍可考的建置始於秦漢。從秦漢起，本鄉地域先後歸屬番禺縣、寶安縣和東莞縣管轄。從明朝萬曆元年（1573 年）起，歸屬廣州府新安縣管轄。

清朝康熙年間，打鼓嶺屬廣州府新安縣六都範圍。康熙版《新安縣志》記載，平源村（疑為今坪輋）、鳳凰湖、松園下、山雞鬱（今上下山雞乙）（山雞鬱／筆／乙，實際上都指同一地方，只是各文獻的用字不同）都屬六都。

1898 年英國租借新界，1899 年 7 月，港英政府參考新界居民傳統，把新界劃分為九龍、沙頭角、元朗、雙魚、六約、東島、西島、東海等八個分約。打鼓嶺屬

於六約這個分約。

1907 年新界理民府建立後，打鼓嶺被港英政府劃入新界北約理民府的管轄範圍。1947 年，打鼓嶺屬大埔理民府管轄。

第二次世界大戰結束初期，打鼓嶺與深圳並未實行邊境管制。1949 年 10 月 1 日中華人民共和國成立，翌年朝鮮戰爭爆發，港英政府在邊境地區加強管制並實施宵禁，1951 年打鼓嶺大部份地方被列入邊境禁區。

1979 年，因新市鎮持續發展需要，港英政府從大埔理民府分拆出北區理民府，管轄範圍包括上水、粉嶺、沙頭角和打鼓嶺。

1980 年代，港英政府就地方行政進行改革，把全港分為 18 個區，成立政務總署、區議會及區域市政局等部門管治。打鼓嶺與上水、沙頭角及粉嶺屬於「北區」，亦稱「上粉沙打」區，香港回歸後至今維持不變。

打鼓嶺區鄉事委員會於 1954 年成立，成為「打鼓嶺鄉」，是新界鄉議局轄下 27 鄉之一，範圍涵蓋今天打鼓嶺區所有村落。

自然環境

打鼓嶺鄉面積約 2,100 多公頃，與上、粉、沙三個地區相若，東面為禾徑山，東北為白虎山，北達邊界深圳河，西至梧桐河及深圳河，南接梧桐河源頭。整區被多座山如禾徑山、長山、龍尾頂、東風坳、黃茅坑山、老鼠嶺、恐龍坑及華山環

繞，中間地勢形成了廣闊的大平原，其中穿插著多條河道，包括本鄉最大及最長的河道平原河。

本鄉位處平原地區，無海風調節氣溫，吸熱和散熱速度快，夏天溫度普遍高於市區攝氏一至三度；冬天的溫度又比市區低攝氏一至三度。

打鼓嶺名稱由來

打鼓嶺之名與其地理環境有關。清嘉慶王崇熙纂《新安縣志》卷四《山水略》記載：「打鼓嶺在六都，俗傳風雨夜聞鼓聲。」由於夜間的風雨人如鼓聲，便得了這個名字。另一說打鼓嶺鄉叢林密佈，北面並無屏障，隆冬之際，來自內陸的季候風既急且勁，狂風之下所發出的迴響有如洪亮的鼓聲，故此鄉民把當地命名為「打鼓嶺」。

民間相傳打鼓嶺名稱還有另一來由，跟與外村衝突有關。清朝中晚期，打鼓嶺居民與深圳河北面黃貝嶺居民常生衝突，村民便在某處山嶺設置了一個大皮鼓，擊鼓召集約內群眾合力應對衝突。

族群概況

打鼓嶺地區保存著眾多本地人或客家人建立的古老村落，部份可追溯至明末至清初，建村已數百年。

這一帶聚居著眾多的氏族，如坪輋（水圍）萬氏、週田杜氏、木湖杜氏、李屋李

氏、山雞笏林氏、松園下何氏、新屋嶺張氏、坪洋陳氏等。較晚遷入的有本地與客家混合的鳳凰湖易氏、簡頭圍黃氏、塘坊萬氏，後來尚有其他姓氏遷入。

清康熙年間實施遷界，各村落被迫遷徙。復界後只有部份村落遷回原址。清政府獎勵廣東省一帶的客家人遷入開墾土地，或租佃本地人的田地進行耕種。外來客家人和本地入和洽相處，努力開發山區，成就一片樂土。

六約

清朝中葉，本鄉村落為應付來自深圳河北面黃貝嶺的衝突，設立了鄉村聯盟，即（打鼓嶺）六約。據 1980 年代一些學者所做的田野調查，六約村落包括[2]：

・坪洋、禾徑山、瓦窰下（坪洋分支）；
・山雞笏、簡頭圍、李屋、大埔田；
・鳳凰湖、老鼠嶺（又稱週田）；
・松園下、竹園、*羅芳；
・坪峯、塘坊、*西嶺下；
・香園圍、蓮塘、*凹下、*橫崗下。

＊該等地方現今位於深圳市

六約村民互相合作，組織更練團（當地父老稱為「巡丁」），互相幫助，形成地方上由本地及客家村落結盟的自衛組織。從六約的村落名稱可見，清朝時深圳（今稱）與打鼓嶺關係密切。其中今位於深圳範圍的羅芳、西嶺下、凹下、橫崗下，清朝時均屬於六約。

緊密合作後，六約形成「昇平社」，各村合作，每年在平源天后廟慶祝天后誕，組織花炮會，每年定期向昇平社捐贈款項，作為運作經費。天后廟、義祠和公所分別在不同年代建成，位處坪輋老圍村內。據說義祠早年主要由羅芳村管理，後來由平源天后廟理事會管理。旁邊的公所，逐漸成為本鄉在社會及公益事務的調解中心。

英國租借新界及六約發展

1898 年英國租借新界影響打鼓嶺發展。1898 年 6 月 9 日中英兩國簽訂《展拓香港界址專條》，1899 年 3 月 19 日簽訂《香港英新租界合同》，確定粵港邊境界線，以深圳河為界。有些居住於深圳河兩岸的村落及宗族被一分為二，包括羅芳（位於深圳）與竹園（位於香港）姚氏。由於管轄權的劃分，導致黃貝嶺、羅芳、向西、凹下、湖貝等的村民需要過境到新界耕作，可見邊境界線的確立，影響了他們的農耕生活和土地使用。深圳河兩岸村民的歷史聯繫割斷，也曾引發後來的土地權益和原居民身份的法律爭議。

六約經多年合作，隨著社會環境改變，至 20 世紀初逐漸轉變形態，產生了「昇平社」這個民間組織；其涵蓋的地域範圍，則隨著二戰後港英政府推動新界鄉村陸續形成鄉事委員會，六約所涉地域也大致演變為現時打鼓嶺區鄉事委員會所涵蓋的行政服務區域。

日佔時期

日軍侵佔香港期間，打鼓嶺鄉的村民深受侵擾，除了被迫對日軍行禮外，又受日軍勞役虐待，紛紛上山避難。松園下有一間兩層高的何氏大宅，建於1930年代，曾被日軍徵用作瞭望站，監視深圳蓮麻坑軍路。大宅牆上至今仍掛著兩塊刻有日文漢字的「松園下第六番」及「松園下第七番」木門牌。竹園村舊址也曾有一些由日軍編定門牌號碼的房屋，現已不存。

打鼓嶺一些鄉民曾參加中國共產黨領導的抗日游擊隊抗擊日軍，香園圍村民萬雲生就是其中有代表性的人物。他於1944年參加東江縱隊沙灣中隊，解放戰爭時期任粵贛湘邊縱隊護鄉團中隊長，1948年8月在橫崗戰役中犧牲。深圳龍華革命烈士紀念亭的紀念碑上刻有他的姓名、年齡、籍貫和戰鬥犧牲的時間地點。

二戰後的打鼓嶺

打鼓嶺區鄉事委員會於1954年10月成立，辦公地方早年設於坪輋的天后廟公所，1968年獲港府批地在坪輋路（昇平學校旁）興建會址。鄉事會首任主席是坪洋村鄉紳陳友才先生，他對打鼓嶺、上水、粉嶺乃至新界的發展多有貢獻。本鄉內連接沙頭角公路的坪輋路，就是由他爭取於1950年代興建。他是打鼓嶺昇平學校的校監和坪洋公立學校的創校校董，曾擔任第18至20屆（1968-1974）新界鄉議局首副主席，是早期參政的地區領袖[3]。

打鼓嶺區鄉事委員會轄下共20條村落及多個聚居地，1960年代至2016年期間，大部份位於邊境禁區範圍內，計有得月樓、羅湖、沙嶺、新屋嶺、木湖、瓦窰、

鳳凰湖、週田、李屋（部份）、塘坊、簡頭圍、竹園、松園下、香園圍。邊境禁區的設立嚴重影響打鼓嶺區的發展，村民為謀生計，1960 年代後至 1980 年代紛紛移居市區工作或國外，原居民人口劇減，男性多在外工作，留在村中耕作的多數是女性，每逢中國傳統節日，居民均會回鄉參加儀式、舉行聚會及商討本鄉發展事宜等。同一時期，內地同胞湧入，導致本區整體人口又回升至一萬人以上。他們初時在打鼓嶺就地搭建木屋或鐵皮屋居住，後來有部份改建較為堅固的石屋，在該區工作及居住。1990 年代開始，內地新移民及他們的後代陸續搬到市區，本區人口繼續下降。

二戰後的經濟民生概況

昔日，打鼓嶺的居民以務農為生，多種植稻米，部份村民種植甘蔗、花生、蘿蔔等。1950 年代，嘉道理農場援助本區居民建立豬場和雞場，提供豬苗予居民飼養。1960 年代後逐步轉向飼養豬、雞，並種植蔬菜，於 1970 年代達至高峰。李屋村村民曾經營大型農場，定時將種得的蔬菜運往打鼓嶺及坪輋菜站。

1980 年代，隨著香港工商業發展，農產品大量入口，市場價格急降，本地農產品利潤大減，甚至虧本，農業在打鼓嶺日漸式微，小型的豬場和雞場也紛紛結業。時至今日，很多農地變成了貨倉及露天儲存作業。近年有些人在區內復耕，開設農莊，生產現代農產品，也有人在自己門前的田地種菜自用，並把剩餘的出售。

除了農業，其他傳統經濟作業也一度興盛。較寮、竹園、簡頭圍、木湖、李屋及鳳凰湖等地，均有傳統絞糖業，村民在村中種植竹蔗，利用圓形石磨及牛隻絞蔗，後煮成蔗糖，部份運出市集販售。瓦窰下在 19 世紀有三個磚窰，以燒瓦為主，

同時燒製青磚及紅磚;瓦窰則於 20 世紀初期建有五個磚瓦窰,燒製青磚及瓦。1950 至 1960 年代,沙嶺有四個紅磚窰;1960 年代,新屋嶺附近曾設有兩間磚廠,其中「雙英磚廠」規模較大,另一間為「新生磚廠」。兩間磚廠約於 1970 年代後荒廢。

除了磚瓦業外,1960 年代開始,北面近深圳羅芳一帶曾建腐竹廠,廠房現已拆卸。此外也有榨油、製作掃把等的家庭作坊。

本鄉村落受水浸困擾數十年之久,現時仍有部份村落面對水浸問題。1980 年代,深圳河水患日益嚴重,影響村民的日常生活乃至生命安危。1990 年代,平原河因河道狹窄及深圳河底垃圾積聚影響,泛濫嚴重,鄰近村落如週田、鳳凰湖、李屋、木湖及瓦窰經常受水浸問題困擾,至 2003 年香港特區政府正式處理平原河水患問題,並與深圳市政府合作,推動深圳河治理第三期工程及擴闊深圳河、平原河交界至李屋一段的河道,週田、鳳凰湖、李屋等村落的水患問題方獲得改善。

東江水供港與打鼓嶺

東江水供港是國家關心香港經濟發展和民生福祉的重大舉措。香港七至八成的食水用量從廣東省的東江輸入,打鼓嶺的木湖抽水站扮演著重要角色。它是香港接收東江水的第一站,是分配東江水至各濾水廠及水塘的起點。這座抽水站,現今已發展為兩座泵房及 22 台抽水泵,設計泵水量為每日 3.9 百萬立方米,持續不斷地服務香港市民。木湖抽水站落成後,沿文錦渡路至上水的東江水管,為全香港提供穩定的自來水供應。

禁區與交通發展

昔日本鄉土地多為農田，田地間只有狹窄的阡陌田基可供行走，現時鄉內三條地區幹道，建造次序是文錦渡路、蓮麻坑路、坪輋路。由上水至文錦渡的一段是文錦渡路，1920 年代初建成，抵達新屋嶺右轉即是蓮麻坑路。打鼓嶺北面的蓮麻坑路於 1927 年建成，與文錦渡路同屬於邊境巡邏道路（Patrol Road），香園圍、松園下、竹園、木湖的村民都經這條蓮麻坑路，前往上水及文錦渡。現今的坪輋路以前只是一條泥路小徑，至 1960 年代始擴闊成雙行線馬路。

1950 年代邊境禁區設立後，打鼓嶺和深圳的居民不再容許自由進出粵港邊界耕作，只能經羅湖橋、文錦渡、羅芳橋等橋樑或渡頭這些指定的耕作口，透過耕作證方式出入，到深圳或港界的農田耕種。

1960 年代，港府在塘坊村口設立了坪輋檢查站。另在上水紅橋設置紅橋檢查站，1970 至 1980 年代，此檢查站後退至上水虎地坳，是為沙嶺檢查站（虎地坳段）。紅橋檢查站兩邊均有「蛇網」，村民需要展示禁區通行證，才能出入這兩個檢查站，為本區村民生活帶來不便。

回歸後打鼓嶺鄉的新面貌

打鼓嶺鄉地理位置重要。羅湖和文錦渡兩個管制站（口岸）均位於本區內，由於口岸人口流量日漸增多，2008 年，香港特區政府聯同深圳市政府決定在羅湖和文錦渡口岸之外，興建香園圍管制站／蓮塘口岸，使本區位置優勢更明顯。香園圍／蓮塘口岸正式運作後，是全港首個人車直達的口岸，旅客進出粵港兩地極為

方便。自 2020 年起，因新冠疫情，香園圍／蓮塘口岸只供貨物運輸之用，旅客不能使用該口岸出入境，至 2023 年已全面通關。

此外，香園圍公路於 2019 年正式通車，居民可經此路前往蓮麻坑交匯處、坪洋交匯處或沙頭角公路交匯處，再前往上水、大埔及九龍等，改善了這一帶區域的對外交通。

┃民間習俗

中國的許多民間習俗，都在打鼓嶺鄉得到延續。本鄉村民每年舉行春秋二祭。許多村落興建祠堂，供村民祭祀、聚會及商討村落事宜之用。打鼓嶺鄉村亦慶祝中國傳統節日，如元宵節、端午節、中秋節、冬至等。此外，每年的農曆新年進行貼揮春、燒炮仗、吃盆菜、拜神等活動。村民崇拜上帝（天帝）、土地伯公、大王爺、圍門公、北帝、井頭伯公、樹公、觀音、關帝、天后、泰山石敢當等神靈，村民祈求神靈保境安民，為村落帶來風調雨順及居民安康[4]。

從傳統賀年習俗變化而來的打鼓嶺新春同樂日別開生面，傳承中國傳統節日的精神。村民篤信天后，每年農曆三月廿三日是各村村民的重要節日，他們熱衷於前往坪輋天后廟參與天后寶誕。除了坪輋有全鄉最大的天后廟外，禾徑山、松園下、木湖的村民都各自設有天后神壇或小型廟宇，供奉天后祈求保佑。

沙嶺居民因多來自潮汕地區，將潮汕地區的盂蘭盛會習俗帶至本地，每年農曆七月十八日都會舉行潮僑盂蘭盛會。

鄉民篤信陰陽風水，不論修建陰宅山墳時，或建屋動土，一般都會聘請風水先生審查是否符合風水；一些青磚古屋、祠堂及各村安葬先祖的山墳坐向與佈局，都充分反映出村民的風水文化。此外，打鼓嶺鄉民在興建住宅及祠堂時，均有「上樑」儀式，祠堂建成，也會舉行開光儀式。

北上尋根謁祖

打鼓嶺各家族於不同時期由內地南遷而來，與祖國內地有著千絲萬縷的聯繫。1996 至 2006 年，坪洋鄉紳陳金華等與內地和其他旅港五華宗親，發起多次五華尋根謁祖活動，修葺先祖墳墓、紀念堂、祠堂外，又集資修建家鄉的學校和基礎設施，體現了宗族情感深厚，鄉人文化源遠流長。

打鼓嶺的海外鄉親

打鼓嶺居民刻苦耐勞，敢於在陌生的地方闖盪，開闢新的天地。眾多村民曾出洋打工，從事多樣工作，如苦工、礦工、文書、餐館、行船、從商等。打鼓嶺居民的足跡遍及巴拿馬、牙買加、圭亞那、泰國、澳洲、英國、愛爾蘭、荷蘭、比利時、德國、美國等國家。他們在國外胼手胝足，奮力拚搏，所賺金錢都寄回故鄉，養家建房，例如香園圍砲樓、塘坊福善第及週田何氏大宅，都是由鄉民出洋打工資金所建。

19 世紀晚期至 20 世紀初期，打鼓嶺鄉民多前往南洋及美洲謀生，部份村民前往南洋暹羅（今泰國）、美洲巴拿馬、牙買加，也有為數不少的打鼓嶺鄉民前往美國開發舊金山，從事礦工或鐵路工人，不一而足。

1950 年代晚期開始，打鼓嶺鄉民大多前往英國。1960 至 1970 年代，英國華僑及外來勞工人數逐漸飽和，鄉民開始轉往荷蘭、比利時、法國、德國等其他歐洲國家謀生。

經歷半個世紀海外謀生後，部份年老鄉民選擇回鄉退休，但他們的後人早已適應當地生活，以海外鄉僑身份在歐洲、美國、澳洲等地扎根，他們人數眾多，比留在打鼓嶺居住的鄉民，人數多約一倍以上。

教育、體育及社區發展

本鄉居民重視文化教育，踴躍捐款捐地，興修昇平學校、坪洋公立學校、嶺英公立學校、三和公立學校及羅湖公立學校。鄉內有多間舊式書室或私塾，如上山雞乙書室、下山雞乙的義興堂書室、塘坊永傑書室（昇平學校舊址）、週田學校（嶺英公立學校前身）、香園圍私塾、坪洋私塾、新屋嶺書室等，充分體現打鼓嶺村落之間團結互助、和諧共存及重視育賢辦學的精神。

舞麒麟是區內重要的體育活動，每年平源天后誕，各村會派出舞麒麟隊伍，農曆新年也有麒麟隊助興。另外，多條村落如坪洋、坪輋、簡頭圍、李屋、大埔田、香園圍均有功夫師傅，教村民學習中國傳統武術。從 1950 年代起，打鼓嶺鄉的小學，每年均派學生參與「上粉沙打學體會」（學體會即「新界學界體育協進會」）統籌主辦的各項運動比賽，如校際田徑賽、游泳及球類競賽等，並成為該會會員。

1950 年代，天主教明愛在打鼓嶺區開展社會服務。1960 年代，明愛於昇平學校

旁設立了明愛聖若瑟診所、託兒所及明愛打鼓嶺幼兒學校，為打鼓嶺居民提供醫療及社區支援服務；1990 年代，這間診所改為明愛馮黃鳳婷安老院，並與明愛打鼓嶺幼兒學校運作至今。

1980 年代，北區區議會屬下北區敬老活動統籌委員會，每年均籌辦敬老活動，使打鼓嶺鄉的長者能獲得照顧及參加康樂活動。1995 年，港英政府於坪輋建成打鼓嶺鄉村中心政府大樓，曾構思設商場（後改作劍橋安老院）、打鼓嶺診所及社區會堂，為打鼓嶺區居民提供社區文娛康樂設施。

2007 年，新屋嶺村代表張伙泰成立「打鼓嶺耆樂會社」，為區內長者提供多元化服務，受惠的長者眾多，是打鼓嶺區內重要的社會公益機構。

古蹟名勝及歷史建築物

打鼓嶺擁有眾多古物古蹟和歷史建築物，如平源天后廟及義祠、塘坊永傑書室、香園圍兩層青磚大屋連砲樓、瓦窰砲樓、長山古寺、打鼓嶺警署及消防局、麥景陶碉堡（白虎山、瓦窰及南坑）、木湖圍門及天后廟、週田圍門、鳳凰湖楊氏宗祠、吳氏宗祠及特色青磚民居、松園下何氏家祠、橋芳家祠及何氏第六番、第七番大宅、舊羅湖橋、羅芳橋、禾徑山石砌古道，及坪洋陳氏大屋等，都是值得保存的古蹟及名勝。打鼓嶺鄉的傳統習俗、政治、經濟、軍事防衛、日常生活和居住方式，與 1950 年代邊境禁區成立以來的歷史都有密切的關係，反映這個區域豐富多姿的歷史文化。

北部都會區發展

2021 年香港特區政府發表的《施政報告》提出了北部都會區的發展計劃。都會區面積達 300 平方公里，覆蓋由西至東的深港口岸經濟帶和更縱深的腹地，將盡享港深優勢互補、融合發展的紅利，幫助香港更好融入國家發展大局。北部都會區是香港未來 20 年城市建設和人口增長最活躍的地區，該區擁有七個跨境陸路口岸，本鄉佔三個：羅湖、文錦渡及香園圍，是香港境內促進港深融合發展和聯繫大灣區各城市最重要的樞紐。

2022 年香港特別行政區行政長官李家超發表其首份《施政報告》，當中強調：

「北部都會區」是未來的策略發展據點，亦是驅動香港再創高峰的新引擎。特區政府將與廣東省政府緊密對接，讓「北部都會區」發揮超越地理界線的限制，與廣東省、深圳市和大灣區產生協同效應。

建成後的「北部都會區」，將以「國際創科新城」為主題，集優質生活、新興經濟和文化休閒於一體，以創新城市設計推動職住平衡和綠色生活，發展和保育並存，會充分利用「北部都會區」的邊境優勢，促進口岸地區的綜合發展。新界北新市鎮的現代產業發展，亦可與深圳互相配合；而東邊則坐擁豐富自然和旅遊資源，可供兩地發展康樂和旅遊。

北部都會區計劃尚在構思階段，有關細節仍未落實。作為北部都會區的腰部地域，打鼓嶺的未來發展充滿了想像空間。對打鼓嶺區鄉事委員會來說，積極參與北部都會區規劃發展亦是一項挑戰，鄉事會將與不同村落溝通，了解大家的關心與期望，為未來北部都會區的發展做出貢獻。

註解

1　《鄉郊代表選舉條例》，2014 年。

2　可參考科大衛等學者的田野調查報告文章；及《打鼓嶺區鄉事委員會特刊》，2008 年。

3　《新界鄉議局成立六十週年慶典特刊》，1986 年，頁 10。

4　《打鼓嶺區鄉事委員會第 27 屆執行委員會暨全體村代表就職典禮特刊》，2019 年，頁 43-47。

第二章

自然環境

打鼓嶺被群山圍繞，地勢主要為平原及盆地，日夜溫差比市區更明顯，域內有多條河道交錯。由於本鄉居民重視保護自然環境，加上經歷了數十年的邊境禁區政策，較少受到城市發展干擾，令打鼓嶺保留了豐富的動植物生態。

地理

打鼓嶺鄉位於香港新界北部，上水與沙頭角之間，北緯 22°53'，東經 114°15'。
北臨深圳河，平原面積約 1,400 公頃，總面積逾 2,100 公頃。打鼓嶺與內地深圳
市接壤，屬邊境地區。它與東面沙頭角的山嶺一帶相連，西面則以平原為主，連
接粉嶺及上水新市鎮。

整個打鼓嶺鄉丘陵地較多，最北端有白虎山（又稱白花山）、東北至東部有黃茅
坑山（高 243 米）、禾徑山（高 297 米）；南部的一系列山嶺高約為 100 多米，
包括長山、松山及大嶺；西部則以老鼠嶺、沙嶺等山地為主；中部為平原河及其
支流流經的盆地。這個由山陵地帶圍繞中部地區的平原，英國人特別是英軍稱為
「拉凡平原」（Laffan's Plain）[1]。拉凡平原原來是英國一個陸軍閱兵場的名字，
拉凡是位工兵中將。相信因為這裡地勢平坦，使他們有此聯想。此地在地圖上的
中文名則是「打鼓嶺」。

平原河支流匯合之處

平原河（Ping Yuen River / River Ganges）為區內最大河流，其主要水源來自黃茅坑、禾徑山及華山山脈，發源自黃茅坑和禾徑山的支流經坪洋、塘坊流入平原河；發源自華山山脈的支流經山雞笏、大埔田、李屋，經另一支流經週田，之後流入平原河；兩支水源在鳳凰湖旁邊匯合為主河道，該段平原河道寬度超過 30 米，再流經蓮麻坑路旁邊的平原河低地抽水站便匯入深圳河。

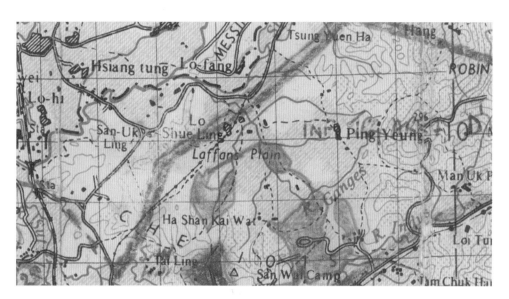

1957 年的香港地圖，可見坪洋與老鼠嶺之間的平原，英文稱為 Laffan's Plain。

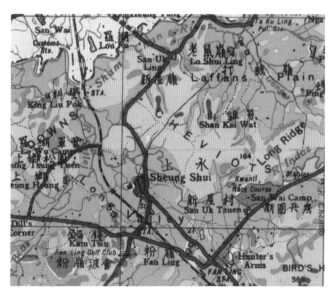

1950 年代香港大學出版社出版的土地使用概況圖，右上角可見 Laffan's Plain 中文名沿用「打鼓嶺」。

氣候 [2]

打鼓嶺位於群山之中，有眾山嶺環抱，據村民表示，打鼓嶺的風由沙頭角海吹進來後，在打鼓嶺谷內沒有出路，困在此地，形成迴旋風聲。

打鼓嶺地處平原空曠區域，吸熱及散熱速度快，夏天溫度普遍較市區高攝氏 1 至 3 度，冬天的溫度亦比市區低攝氏 1 至 3 度，是以香港天文台在打鼓嶺政府農場設立監測站，專門收集新界區的天氣數據。打鼓嶺的氣溫受到該區空曠地形影響，輻射冷卻效果比較明顯，其日夜溫差之大，在全港各區可說數一數二，其中相差可近攝氏 20 度，尤其在萬里無雲的晚上，地熱經過一夜散發，冬日清晨，氣溫可以下降至接近攝氏 0 度，地面亦會出現霜凍現象。曾有紀錄零下溫度：2021 年 1 月 13 日打鼓嶺早上氣溫曾降至攝氏負 0.9 度，打破 2009 年 1 月 11 日負 0.8 度的低溫紀錄，成為該氣象站自 1988 年有紀錄以來新低，而前一天的最高溫度為 16 度。

打鼓嶺位於內陸平原及盆地，屬亞熱帶氣候，受熱帶氣旋影響時，打鼓嶺的風力一般比較其他地區弱。自打鼓嶺氣象站成立以來，全年平均相對濕度為 77%，平均降雨量為 1,885.4 毫米。由於此區地形空曠及山嶺不高，該區的日照時間頗長。1988 年啟用的測風站設於打鼓嶺農場內，盛行風一般為東至東南風。

打鼓嶺在冬天清晨由於受輻射冷卻影響，氣溫可以跌至接近攝氏 0 度，圖為 2021 年 1 月 13 日在坪洋，可見植物的葉均鋪上一層薄霜。

水文狀況

打鼓嶺鄉內的河流溪澗構成豐富的水源系統，在多個不同的位置流入深圳河；區內最大河流為平原河（參見地理部份）。

其他支流，以缸窰河為主的水源，流經香園圍、松園下後，在蓮麻坑路匯入深圳河；以黃茅坑為主的水源，流經竹園、較寮後匯入深圳河；而恐龍坑的水源一分為二，其一經李屋，另一經週田，還有一支經新屋嶺、木湖後注入深圳河；此外有一支經沙嶺流向南坑注入深圳河。羅湖後面的山水則直接注入深圳河。

平原河有一半河道被植草磚覆蓋。草磚上生長了草木，部份河床被大量草和濕地植物所覆蓋。經過李屋一段的河道兩旁安裝了石籠，石籠上生長有少量的植被。平原河現正計劃進行河道優化工程，以解決區內水浸問題，並利用河道的自然資源來實現社區環境優化。

羅湖地區是深圳河、雙魚河、梧桐河和石上河四大河流匯合而成的低窪漫灘，平均坡度為 2.9%。它是新界北區內一個大集水區。

東部邊緣的黃茅坑山下有水牛槽及石寨下石澗，石澗是 1990 年代以前的旅行勝地，後因興建新界東北垃圾堆填區，山體大半改為人工斜坡，自然河道受破壞，水源遭切斷，石澗今已不存。

打鼓嶺平原上零散分佈著一些人工池塘，用作養殖魚類或調節自然環境之用。

地質 [3]

香港的地質歷史可追溯至大約 4 億至 3 億 6,000 萬年前的泥盆紀（Devonian）（地球歷史為 46 億年），現今新界東北地區，當時大部份是被淺水淹沒的三角洲。地質構造上，香港位於華夏地塊東南緣的蓮花山斷裂帶內，整體上以東北－西南走向的斷層橫跨香港，其次為西北—東南或西北偏北—東南偏南方向，構成了香港現代山脈的基本地勢。

今天的打鼓嶺，其主要地質是香港地質史上一場大規模火山活動的產物：荃灣火山岩群（Tsuen Wan Volcanic Group）。該岩群以粗火山灰晶屑凝灰岩為主要岩石，火山岩由石英、長石、角閃石、黑雲母及岩石的碎屑組成，約有 1 億 6,400 萬至 1 億 6,000 萬年歷史。根據岩性特徵，打鼓嶺主要包含中部及東部大區域的「淺水灣組」及西部邊緣區域的「落馬洲組」。

本區南部，如松山一帶主要地質為淺水灣組（Repulse Bay Formation），中部

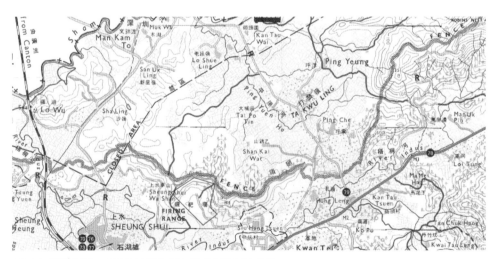

1974 年香港地圖，可見打鼓嶺的保安鐵絲網及河流分佈。

地區為梧桐河沖積平原，包括大埔田、坪洋、坪輋等，這些平原分佈在松山、雷公坑及馬頭嶺以北一帶，西面的恐龍坑為低矮的橫切面山嶺及山谷地帶，其中的山谷剛好成為落馬洲組的沖積山嶺與淺水灣組的火成岩地形的分界線。

羅湖與文錦渡之間的沙嶺由一系列山脊組成，主要分佈在 3 億 4,000 萬年前於新界北部形成的落馬洲組（Lok Ma Chau Formation）岩石。由變質沉積岩組成，包括變質礫岩、變質砂岩、變質粉砂岩、石英岩及石墨片岩。石英岩主要由再結晶的石英，以及少量雲母、絹雲母組成。石墨片岩色澤深黑，並有明顯的變質葉理。這些被嚴重切割的沉積物呈現出區域性的東北傾角，加上嚴重的深層風化，導致多處天然山坡滑坡。

生態

植被及植物 [4]

本區原居民重視當地植物提供的天然屏障，可是打鼓嶺的植被仍難免受人類活動破壞，發生了很大的變化；不過 1950 年代開始實施邊境禁區政策，令打鼓嶺區北部的山嶺如白虎山、老鼠嶺、沙嶺及禾徑山一帶的植被較少受到人為干擾，得以保留較為原始的狀態，部份樹林之中仍可以見到大樹及不同品種的原始植物。原生植物能為打鼓嶺的野生生物提供食物和居所，促進生物多樣性。

今天的打鼓嶺內雖然出現了很多已發展地區，例如鄉村、基礎設施、公路、露天貯物場及農地等，但在區內仍然具有不少潛在生態價值的元素，包括天然河道、魚塘棲息地、具生態價值的河溪、次生林地、風水林和坪輋鷺鳥林等。

文錦渡的生態環境規模較小，主要包括已發展地區（包括村莊、露天倉庫和道路基礎設施）。沙嶺西南面是結合農田、池塘和水道的地方。該地區的池塘大多長滿草木植被，但並未發現有受保護的植物和動物物種。

風水林

本區村民篤信風水，相信環境與運氣息息相關，他們以樹木構成風水林來調整地形地勢，帶來了保護林木及自然環境的效果，因此在多條村落裡形成天然而且物種豐富的樹林。村民在建村時，以長有原生樹木及灌木的地點為理想選址，其後再栽種具實用價值的樹木，漸漸地整個風水林與村莊形成一個風水格局。聚集風水林的山坡稱風水山，一般村民均視之為「靠山」，客家人則稱為「背扶山」，有依賴它生存的意思。一些村落更會由族中父老訂立民約（規定或訓令）防止本村砍伐風水林，以免影響全村的命脈，所以風水林中常見不少古樹名木。

禾徑山的古老樟樹

樟樹是風水林的主要樹木之一，別名樟木、香樟、油樟，屬樟科（Lauraceae），大喬木，高可達 30 米，常綠，可以提取樟腦及樟油，供醫藥及香科工業用；根、果和枝可入藥；果核含脂肪，可作工業用途；木材耐水濕，能驅蟲，可用於造船、建築、造箱或櫃子等；其枝、葉及木材均有樟腦氣味。

次生林

香園圍的自然棲息地包括次生林地。沙嶺地區有受干擾相對較少的草原和次生林的林地。

灌木林及草地

銅鑼坑、東風坳、瓦窰下及龍尾頂可發現混合式的灌木叢及次生林。眾多的小山丘和廢棄農田上長有茅草和芒草。坪洋附近的芒草原，近年吸引了市區的遊人前來觀賞，成為生態旅遊的勝地。

珍稀植物

本鄉曾發現兩種珍貴植物：土沉香及香港大沙葉。禾徑山、雷公坑、馬頭嶺等地均發現土沉香、香港大沙葉及紅皮糙果茶。

土沉香（*Aquilaria sinensis*），又名牙香樹、白木香，屬於瑞香科，是中國境內近危物種，屬於國家二級保護野生植物，已載入《中國植物紅皮書》及《廣東省珍稀瀕危植物圖譜》。此樹種是中國特有的珍貴藥用植物，樹幹受真菌侵入後產

生的樹脂為中藥「土沉香」，供製作香料及藥用。土沉香多生於低地常綠闊葉林及風水林。葉濃綠，樹冠緊密，可用作庭園樹。坪輋、沙嶺、恐龍坑也發現人工種植的土沉香，高約兩米多，並結有果實。

香港大沙葉（*Pavetta hongkongensis*），又名茜木、滿天星，茜草科灌木或喬木，其花期為 3 至 8 月，其花序較大，直徑可達 15 厘米。白色的小花聚生在一起，花冠呈管狀，有四片花瓣，花柱細長而伸出花冠外。香港大沙葉為 1934 年首次發表，由於所採的標本來自香港，故以香港命名，受香港法例保護，它成長時可高達四米，生長在灌木叢和樹木中。

紅皮糙果茶（*Camellia crapnelliana*），屬山茶科，是中國境內易危物種，已載入《中國植物紅皮書》，生於山坡林緣或疏林中，為五至七米高的小喬木，樹皮橙紅色。在內地主要分佈在廣西、福建及浙江等地。白色大花，是美麗的觀賞樹木，種子油可供食用，多長在郊野公園內並受到保護。該樹種在禾徑山及馬頭嶺一帶也有發現。

沙嶺發現約兩米高並結有果實的土沉香樹

平原河流域有很多不同種類植物，如被子植物（雙子葉植物）類的薇甘菊、空心蓮子草、夜香牛、三裂葉薯等。

此外，在打鼓嶺許多村落的平地亦會種植一些實用或觀賞性樹種如榕樹（別名細葉榕）、鳳凰木（別名紅花楹、火樹、鳳凰花）、黃花風鈴木（別名黃鐘木）等。

動物 [5]

平原河兩岸有很多不同種類的動物，如鳥類（白鶺鴒）、蜻蜓（狹腹灰蜻）、蝴蝶、兩棲類動物（澤蛙）、爬行類動物、淡水魚類（溪吻鰕虎魚與雜色劍尾魚）及水生無脊椎動物（瘤擬黑螺）。

食蟹獴，是一種體型較大的靈貓科動物，連頭部體長約 36 至 60 厘米，頭尖尾長而蓬茸，末端尖小，趾間有蹼，屬日行性動物，在香港並不常見。相對於紅頰獴，食蟹獴身形較高，皮毛為麻褐或灰褐色，肩部有長白條紋，牠曾出現在蓮麻坑、香園圍、松園下、沙頭角、船灣及八仙嶺郊野公園等新界東北區。

註解

1　英國人喜將佔領地方隨意「命名」，此為一例，Laffan's Plain 之名今已不用。

2　詳細可參考香港天文台網頁。

3　詳見蘇偉賢、鄧麗君、蕭偉立：《香港地質：四億年的旅程》，香港：土木工程拓展署，2009 年。

4　《發展新界北部地區初步可行性研究》，香港：規劃署，2017 年。

5 同上。

第二章　自然環境

建置沿革

打鼓嶺自明朝初年已有人定居。到清代，經歷遷界和復界，官府獎勵客家人入粵開墾，在打鼓嶺鄉形成了本地人和客家人共處的局面。當年打鼓嶺的地方事務由民間村落同盟「六約」治理，英國租借新界後，設理民府管轄。今日的打鼓嶺屬於北區，設打鼓嶺區鄉事委員會，作為政府與居民之間的橋樑。

沿革

打鼓嶺鄉位處香港北部,中國廣東省東南沿岸邊緣,遠離中原,在遠古時期應是中國沿海族群居住的地域。史前時期以至有史時期之初,一直屬於南越族的地域。當時打鼓嶺的狀況並無考古資料或歷史文獻可供佐證。

香港地區有史籍可考的建置始於秦漢。秦始皇三十三年(前 214)南征百越後,香港地區被劃入秦朝版圖,屬南海郡,由番禺縣治所管轄。東晉咸和六年(331)撥入寶安縣。唐代至德二年(757),改寶安縣為東莞縣。

宋朝時,打鼓嶺一帶屬於廣南東路廣州府東莞縣管轄,縣治在到涌(今東莞莞城),至元代不變。從明朝萬曆元年(1573)起,置新安縣,到清朝光緒二十四年(1898)英國租借新界為止,打鼓嶺一直屬廣州府新安縣管轄。

打鼓嶺一帶在明朝初年已有人定居,及後萬氏、李氏、林氏、張氏、杜氏、何氏、易氏等家族陸續入遷,建圍立村。首先遷入打鼓嶺一帶定居的家族大多是本地人(圍頭人),他們說的是「圍頭話」。由於他們遷入年份較早,故與自宋、元、明期間遷入元朗、上水、大埔的大家族鄧氏、廖氏、侯氏、文氏等融合,形成「本地人」的身份認同。

為斷絕沿海居民接濟明遺臣鄭成功抗清,清政府在順治十八年(1661)及康熙元年(1662)頒佈及重申遷界,下令凡居沿海五十里的居民,均須遷離海岸徙入內地。整個香港都屬遷界之列,當時已定居打鼓嶺的村落如坪輋、李屋、山雞笏、新屋嶺、木湖、老鼠嶺、松園下、鳳凰湖,乃至後來加入打鼓嶺六約的羅芳、蓮

塘等村落都要內遷五十里。村民處境艱苦，幾乎無以為生[1]。

後來遷界令撤銷，推行復界，僅有部份本地人重新遷回本鄉，致這一帶人口大幅減少。復界後，清政府推行政策，獎勵廣東、福建、江西省一帶的客家人遷徙至新安縣開墾土地，於是有客家人如香園圍萬氏、坪洋陳氏等入遷，清中葉至末葉陸續有人入遷，如簡頭圍黃氏、禾徑山傅氏、老鼠嶺何氏及蕭氏、木湖任氏等。

自康熙二十二年（1683）正式取消遷界令，至嘉慶二十三年（1818）的150年間，大量客籍人士從廣東東西部、韓江流域及福建、江西二省，入遷新安沿海地區，除了沙頭角、大埔與西貢一帶外，亦有大量客家人遷入打鼓嶺，開基立圍，令打鼓嶺成為本地人與客家人共同生活的地區。由於更多客家人遷入，新安縣人口亦隨之增加，到嘉慶年間（1796-1820），已增至 225,979 人。

清嘉慶年間《廣東輿海全圖》（大英圖書館藏）已有鳳凰湖的地名。

新安縣的縣治設於南頭城（今深圳寶安區），據康熙二十七年（1688）版的《新安縣志》記載，立縣之初，全縣人口僅 33,971 人。新安縣分設三鄉（思德鄉、延福鄉、歸城鄉）及七都。當年平源村（疑為今坪輋）、山雞鬱（即山雞笏，今分為上山雞乙、下山雞乙兩村）、鳳凰湖、松園下，均歸六都管轄，屬歸城鄉。康熙版《新安縣志》記載打鼓嶺村民日常做買賣的墟市中，較為接近的包括深圳墟、上水石湖墟，較遠的有大步頭墟（即大埔墟）。

康熙版《新安縣志》

嘉慶年間，打鼓嶺的村落都隸屬官富司管轄，其下分為「官富司管屬村莊」及「官富司管屬客籍村莊」。官富司管屬村莊即本地人村落，嘉慶版《新安縣志》載，打鼓嶺屬於官富司管屬村莊的村落包括澗頭圍（簡頭圍）、鳳凰湖、週田村、李屋村、平源村（相信即今坪輋）、大莆田（今大埔田）、山雞鬱（今上下山雞乙）、塘坊村、松園下、木湖圍（今木湖）及新屋嶺。官富司管屬客籍村莊的村落包括香園（今香園圍）、禾徑山、鳳凰湖、平洋（即坪洋，平與坪字似屬於寫法不同，都有平地、平原之意）、松園下。由於部份村落同時有本地及客家人居住，故分屬兩司。

新安縣志　卷之二　輿地略一　吉

福興圍　曹屋圍　清慶村　隔塹村　壆下墩　錦興村　陳屋圍　慶田村　鳳凰湖　李屋村
葉屋村　週田村　澗頭圍　筆架山　赤尾村　向東村　田貝村

新屋邊　南岸村　牛角山　赤水洞　橫岡下　松園下　土狗莆　山雞鬱　平源村
泥岡村　蓢貝村　馬公塘　大逕村　木湖圍　凹下村　羅坊村　塘坊村　大莆田

〔嘉慶〕新安縣志　卷二　輿地略一

新安縣志　卷之二　都里　天

南涌圍
鹽竈下　七木橋　平洋村　茅田子　馬尿　荔枝窩　烏蠔田　烏蛟田　鹿頸
鑊腦盤　朝陽圍　逕下　谷埔　馬尿　鳳坑　大林圍　榕樹凹　新村

上下坪　梅林　泥岡　九龍塘　大坑塘　蓮塘　香園　莆心　鳳凰湖　羅坊　萬屋邊　麻雀嶺
茅坪　　　　　　禾逕山　禾坑　平洋　凹下　烏石

〔嘉慶〕新安縣志　卷二　輿地略一

嘉慶版《新安縣志》

上述的村落數目與今天打鼓嶺區鄉事委員會轄下20條村作比較，《新安縣志》記載的已佔了其中15條村（原為14條，但由於縣志有記載山雞鬱，故上、下山雞乙村計算作兩條村），其餘5條村，除較後期成立的竹園、瓦窰下（坪洋分支），還包括20世紀初或中後期成立的新村落（包括瓦窰、羅湖、得月樓）。

《新安縣志》可見，本地人在打鼓嶺區建立的村落有10條，而客家人建立的村落有4條。即使當時清政府編纂的村落名稱或有遺漏，可見清中葉打鼓嶺一帶人口仍以本地人居多，客家人村則以坪洋為最大的村落，也是打鼓嶺的大村落之一。本地人及客家人相處和睦，共同發展及生活[2]。

當然，深圳河附近的大村——蓮塘、羅芳村的客家人對打鼓嶺的作用也不可忽視。因此，深圳河北岸的客家人，在打鼓嶺六約的構成中，直至英國人租借新界時，也是一股十分重要的地方社會力量。

六約

「鄉約」是由地方士紳自發性地透過訂立鄉規民約成立的。明朝時期，鄉約已經成為民間制度，在清代更得到政府的大力倡導。順治九年（1652），清政府頒「聖諭」六條，每月初一及十五聚集鄉人於公所，由縣官至生員擔任宣講，鄉約獲授予支持教育與科舉、應付差徭、經營共同財產及置田買地等權利。「鄉約」一般是指由數條以至數十條同姓或雜姓鄉村組成的聯盟，其功能有祭祀性的，有防衛性和經濟活動有關的。

打鼓嶺由本地人協同客家人建立的「六約」[3]，勢力龐大，以平源天后廟為祭祀

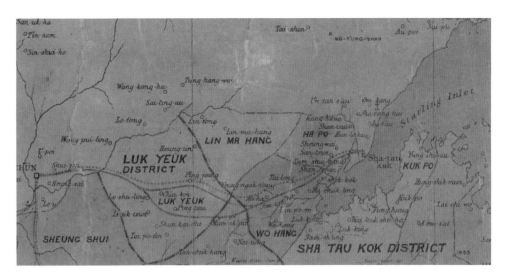

1899 年，英國租借新界後所繪製的《香港地圖》（*Map of Hong Kong*）首次將全新界按原有傳統鄉約分為多個區域，當中可見「六約」（Luk Yeuk District = 六約分區）的範圍，毗鄰上水、蓮麻坑、龍躍頭及禾坑等分區。

SHAM CHUN DIVISION.

Name of Village.		Population.	People.	Name of Village.		Population.	People.
Lin ma hang	蓮麻坑	450	H.	Tái p'ó t'in	大莆田	100	P.
Heung ün wai	香綠圍	120	P.	Tán chuk hang	丹竹坑	100	P.
P'ing yeung	平洋	160	H.	Lok ma chau	落馬洲	160	P.
Chái kok	寨角	80	P.	Tsó t'au	灶頭	250	P.
Ló shü ling	老鼠嶺	100	P.	San t'in	新田	3,000	P.
P'ing ch'e	平輋	160	P.	Li uk ts'ün	李屋村	200	P.
Ma uk pin	馬屋邊	100	H.				
Shán kai fat	山鷄笏	60	P.	Total villages, 14		5,040	

1899 年，港英政府憲報中記錄了六約的村落及分區委員名單（部份），包括萬、陳、杜、林及何等氏族。

及政治中心。據推斷六約最遲於 1727 年已經成立，距今近 300 年歷史。據打鼓嶺一帶的口述傳言，六約的出現源於村民與北面黃貝嶺張氏的衝突，最重要的原因是前往深圳墟的渡頭箔口渡，被黃貝嶺張氏壟斷經營，六約的村民因此向官府表達不滿，並爭取在渡口興建羅芳橋，在興建過程中，村民在簡頭圍附近山崗放置大皮鼓，當有人來犯時便敲響，村民東奔西跑，召集其他村落增援。現今平源天后廟右邊的義祠仍供奉著因械鬥而犧牲的六約鄉民。乾隆二十一年（1756），平源天后廟遷至打鼓嶺坪輋老圍村現址，由六約組織主導。

為了更緊密合作，六約更成立較具組織性的「昇平社」，負責協調六約村落，管理義祠及重建在箔口墟（已沒落）的箔口廟。

六約除了是一個防衛組織外，亦是清朝時鄉里制度的延伸，即表示他們是一個有能力自訂鄉規民約的社會組織，可自行治理地方的事務。六約會就用水、伐林、建屋、收割、喜事、喪事等，由父老訂立規則，人人得以服從，目的是令村民安居樂業、守望團結。

1898 年英國租借新界後劃分行政區域，「六約」作為分約名稱仍然為英國人所使用，以作平衡。1980 年代學者科大衛等人所做的田野調查，指出六約這個組織所涉及的今日的打鼓嶺鄉村包括：坪洋、禾徑山、瓦窰下（坪洋分支）；山雞笏（上下兩村）、簡頭圍、李屋、大埔田；鳳凰湖、老鼠嶺（週田）；松園下、竹園；坪輋、塘坊；香園圍等 15 條村落。

打鼓嶺區鄉事委員會轄下的村落概況

清朝《新安縣志》記載的村落：坪洋、禾徑山、山雞鬱（包括今上山雞乙及下山雞乙）、簡頭圍、李屋、大埔田、鳳凰湖、週田、松園下、坪輋、塘坊、香園圍、木湖及新屋嶺，與 1954 年建立打鼓嶺區鄉事委員會轄下的構成村落名單大致相同；在這些基礎上，再加上竹園（羅芳的分拆村）、瓦窰下（坪洋分支）及瓦窰、羅湖、得月樓三條非原居民村，便構成了打鼓嶺區鄉事委員會管轄的 20 條政府認可及於 2003 年實施法定村代表選舉的村落。

1898 年港英政府輔政司駱克（James Stewart Lockhart）帶隊調查新界，然後寫了一份報告書，當中將打鼓嶺各村劃入深圳區（又稱深圳洞），後被劃入新界北約理民府管轄範圍。

第二次世界大戰前，英國政府對新界的管治以維持現狀為主，打鼓嶺不少村落仍然維持清朝以降由族長、村中父老或士紳領導的傳統，為村中事務作出裁決及協調村民之間的糾紛等。第二次世界大戰後初期，打鼓嶺原本與深圳並無邊境管制。戰後，村公所漸漸由本村推選出來的村長領導及管理村落事宜。港英政權也加強了地方的管控，1947 年本鄉歸大埔理民府管治，分區辦事處在粉嶺十字路今政務處側。

1949 年 10 月 1 日，中華人民共和國成立，翌年朝鮮戰爭爆發，中英雙方關係變得緊張，港英政府在邊境地區加強管制並實施宵禁，打鼓嶺大部份地方於 1951 年被列入邊境禁區。

1954 年，由於港英政府推動新界各鄉建立鄉事委員會（簡稱鄉事會），打鼓嶺區鄉事委員會因此成立，為新界鄉議局轄下 27 鄉之一，「打鼓嶺鄉」地域亦因此確立。鄉事委員會扮演著與政府聯絡溝通及反映鄉民意見的機構角色，在社會層面，鄉事委員會漸變成區內 20 條村溝通、聯誼及商談鄉務的組織，致力維繫本區的穩定及村民的利益。

1979 年，因新市鎮持續發展需要，港英政府從大埔理民府分拆出北區理民府，管轄範圍包括上水、粉嶺、沙頭角和打鼓嶺。

1980 年代，港英政府就地方行政進行改革，把全港分為 18 個區，成立政務總署、區議會及區域市政局等部門管治。打鼓嶺與上水、沙頭角及粉嶺屬於「北區」，亦稱「上粉沙打」區，香港回歸後至今維持不變。

週田村 [4]

週田村，又稱老鼠嶺，位於打鼓嶺西部。清嘉慶版《新安縣志》把週田村列為官富司管屬村莊，村民以本地人杜氏為主，後來另有姓何及蕭的客家人聚居。老鼠嶺的得名有兩個說法，其一是由於村西邊有一處山嶺，形狀像鼠，因而得名；另一個說法是村側有明朝的上水侯族祖墳，穴名「貓狸捕鼠」，這「鼠」便是指村前像老鼠橫臥的小丘。另外，據父老相傳，以前村民因應侯氏祖墳剋老鼠的風水格局，於是在村北的小山丘前建有「貓廟」，以作鎮壓，但現已倒塌。週田村曾被記載在嘉慶版《新安縣志》（卷二·輿地略一）中，相信源於清朝官員見老鼠嶺一帶是廣闊的平原，周圍都是田地而得名；惟 1898 年英國租借新界時，田土登記仍然沿用「老鼠嶺」一名，直至戰後，週田村才正式出現在官方的地圖上。

村中主要家族杜氏，原籍江西無丹寧化，大約於明正德年間（1506-1521）遷至深圳河北岸的向東村（位於今深圳市），後因人口繁衍，由杜春華之子棟琳後裔子孫分支遷到老鼠嶺落擔。何氏則於清末民初從沙頭角鹽田遷至老鼠嶺，初時有兩至三戶人家。至清末民初，蕭氏有一位赤腳醫生名叫蕭景春，到老鼠嶺村行醫，逐漸與這裡的杜氏村民熟稔，及後攜家眷從新安遷來定居，初時住在村內中間偏西的青磚屋，在村前第一排屋偏右方建有蕭氏宗祠。

1911 年港英政府的人口普查報告指，週田村有村民 209 人，1950 年代增加至近400 人，是打鼓嶺區內的大村落。該村為排屋村，朝東北，由六排村屋組成，大部份都以青磚砌建，金字頂瓦，小部份由泥磚砌成，相信有部份是杜氏村民於20 世紀初期出洋或行船回來後建成的。圍門於 1947 年落成，門樓上刻「杜氏週田村」。圍門上書對聯「週年雨順風調化生萬物，田野花明柳媚點綴三春」，上飾「錦繡山河」及吉祥畫，門框上兩旁各有一個防盜小孔。圍門內供奉著圍門公，並掛有武魁牌匾，是杜氏先祖杜桂芳在光緒十九年（1893）鄉試中式第五十八名武舉人所立。杜桂芳是杜氏十四世祖觀泰祖後人，中武舉令該房置田地及產業不少，至今觀泰祖仍是老鼠嶺擁有最多田地的其中一房。圍門最近一次重修是2020 年。

圍門內掛著光緒十九年（1893）鄉民杜桂芳的武魁牌匾

竹園 [5]

竹園原屬深圳羅芳分支，客家籍村落。深圳羅芳村民姓羅、姚、陳、張、邱及侯等。姚氏祖籍惠州淡水，約 250 年前姚氏第一代太公存裕公遷至羅芳（位於今深圳市）。1898 年英國租借新界後，以羅氏及陳氏村民為主的村地納入華界。姚氏二房及邱氏則在英界，開始出現竹園的村名，村後面以前有很多竹，不知道是否與此有關。居民以耕種為生。姚氏二房太公文貴公，即羅芳姚氏的三世祖，約於 19 世紀遷徙至竹園，在臨近以前羅芳河（深圳河分支）南面一條小河的位置開基立業。當時有四排青磚屋，多用灰沙、泥及糯米舂成牆身，有三條小巷，並有姚氏及邱氏祠堂各一。文貴公有五子，後來逐漸繁衍，發展至幾十人。其後也有其他姚氏族人遷到竹園。

因該村舊址南面的河岸都是平地，每逢大雨，河水都會浸入村屋，嚴重影響村民生活，港英政府多不理會。1970 年代，村民們決定將村落遷移至西北面地勢較高、更靠近鐵絲圍網及粵港邊界的位置，屋宇與原村舊址一樣，多為兩層高的平房，也有三至四排村屋，但昔日的姚氏及邱氏祠堂卻沒有隨之搬遷重建。竹園村民是客家人，有舞麒麟的習俗，每年都組隊伍去參加天后誕。

竹園臨時興建的姚氏宗祠

竹園村新址新建的邱氏宗祠

當年竹園村村民因農耕生活窘迫，紛紛前往市區工作，或移民英國及其他歐洲國家。1960 年代，姚氏人口只有 30 人左右，及後人口不斷下降，至 1990 年代只餘少數村民仍居村中。1960 年代後，有一批人由內地逃荒來到打鼓嶺一帶包括竹園，搭建臨時屋居住並從事耕種。

2008 年因政府計劃在竹園的位置興建香園圍／蓮塘口岸，該村需要拆遷至村的西南面，在蓮麻坑公路對面。村民陸續在 2014 至 2017 年間遷入現時的竹園新居。新遷建的竹園村主要分前後兩部份，前面建有五排三層村屋，為姚氏原居民居住，後排有三排兩至三層高村屋，屬於其他竹園居民。村中亦新建有兩層高的邱氏宗祠、竹園村公所，並有公園、籃球場、遊樂場、污水泵房及停車場等設施；公園旁有兩個大爐灶，是該村花炮會參與平源天后誕後，回村烹煮盆菜之用。村口有一小型天后宮，內有天后元君像。

竹園村新牌樓

竹園村村公所現貌

竹園村搬遷後環境新貌

鳳凰湖 [6]

鳳凰湖村位於打鼓嶺中部，四面環山，村後有一小樹林，林中有一小湖，雀鳥多棲息其間。村民包括易、楊、吳三姓；易氏是本地人，楊氏及吳氏則是客家人。

易氏祖籍山西太原，唐宋以後，移居至廣東鶴山，三百餘年前再南遷至香港元朗大棠白沙村。二百多年前，因時值荒年，大棠資源不足，部份易氏族人乃移居至打鼓嶺鳳凰湖開基建村。由於當時搶掠盛行，便請楊氏幫助，楊氏遷入鳳凰湖定居。楊氏原居廣東惠州，首遷深圳布吉及橫崗，繼遷沙頭角鎮羅盤，最後於道光年間（1821-1850）始遷鳳凰湖。吳氏原居廣東惠州，清初遷入沙頭角沙欄下村，至 19 世紀末，部份吳氏族人始遷入鳳凰湖。易氏遷至鳳凰湖村初期，約有二十戶人，楊氏有約十戶，吳氏也是約有十戶人家。在 1911 年，鳳凰湖村人口約有 84 人，至 1955 年增到 180 人，現時人口約 300 人。

據村中父老云：某日，時值烈日當空，眾父老在林間乘涼，忽見有一對大鳥，自北向南雙雙飛來，飛鳴湖上，歷久不去。二鳥頂有鳳冠，身披彩羽，與傳聞中的鳳凰無異，父老以「鳳凰無寶不落」，是吉祥之兆，故為這條村命名「鳳凰湖」。

鳳凰湖為排屋村，有六排青磚屋及泥磚屋，都是面向北方。屋前有空地，昔日用作曬穀和村民聚會。易氏居民的村屋位於第三、四、五、六排；楊氏位於第一、二、三排；吳氏位於第一、二排；當中吳氏族人所居的第一排五間相連村屋，正門面向東北方，甚具客家民居特色；易氏族人所居的第三排為七間相連村屋，更具特色。這些民居群獲評級為歷史建築物。

易氏族人沒有在村內建設祠堂，是要貫徹慎終追遠的傳統，秉承回到廣東鶴山古勞坡山易氏宗祠敬拜祖先的訓令。吳氏及楊氏則在村內各自建有宗祠。吳氏宗祠於 1920 年代以青磚建成，門聯「渤海家聲，延陵世澤」，門偏向東北方，祠堂神龕供奉吳氏「歷代祖先神位」；該祠曾於 1950、1970 及 2014 年重修。楊氏宗祠相傳建於清道光年間，為簡單的兩進一間建築，以青磚建成，宗祠門聯「清白家聲，弘農世澤」。吳氏和楊氏族人每逢農曆新年、元宵、重陽節和婚事均到祠堂拜祭祖先，此外祠堂也是族人聚會與議事的場所。

鳳凰湖村內設有兩個伯公神壇，過往村民每年正月初一、十五都會拜大王爺和井頭伯公，逢春分及秋分更會舉行較大型的拜祭大王爺儀式，又於每年正月十九舉行「天姬誕」，寓意化除村內一切惡煞或不吉利的事。當天居民們會舉行「扒天姬船」活動，用稻草紮成船形，插上紅色紙彩旗，派人托起草船巡村，村民家家戶戶送上香燭寶帛投入草船內，祈求來年五穀豐登，人畜平安，把天姬船托到河邊焚燒，送瘟神活動才結束。村口的「護鄉大王爺神位」，對聯書：「治國安邦稱社稷，扶民祐物封明王」，由三姓村民共同集資於 1999 年重修。村後方有一口六角形水井，水井周邊有石壘圍繞，水井旁有井頭伯公（或稱井頭公）神位，村民每逢主要節日，都會拜祭井頭伯公。

鳳凰湖村村公所現貌

丁屋與保留的歷史建築相融合

羅湖 [7]

羅湖村位於深圳河與梧桐河的交匯處,與羅湖口岸及火車站毗鄰。

上水與打鼓嶺村民戰前均可經村前的羅湖橋到深圳趁墟,購買日用品及農具。羅湖在戰前已是深港兩地的交通要塞,1938 年日軍佔領深圳後,即派日軍於羅湖橋站崗,與英軍隔橋對峙。

羅湖村始建於 1945 年後,非清朝《新安縣志》所記載的羅湖村(此村今位於深圳)。村內主要有張、梁、周、胡、溫氏等多姓村民聚居。此處最初只有一戶採礦人家居住。1949 年有數名九廣鐵路工人各自於羅湖火車站附近搭建臨時木屋作居所,其後依山腰建有四排二層平房,房屋隔著小巷,步上樓梯級小徑便可抵達村背後的沙嶺墳場。從山上可眺望深圳關口,包括深圳河對岸的檢查大樓。村的東面有羅湖公立學校,今已停辦。羅湖村有部份村民自戰後開始因應沙嶺墳場的興建而經營石廠及製作墓碑,亦有部份居民為鐵路公司員工。因毗鄰羅湖火車站和口岸的地理關係,村內某些房屋曾成為港粵跨境水貨活動的集散地。

1938 年日軍佔領深圳後,於羅湖橋站崗,與英軍隔橋對峙。

木湖村，位於打鼓嶺北部邊境界線旁。該村村民主要為本地人杜氏，另有黃及任二姓。杜氏原籍江西，約於明代建立此村。該村坐枕屋頭嶺，圍門正向西南方，形制古樸，門上有槍眼，樓高牆厚，相信與昔日該區治安不靖，需加強圍村的保安有關。門聯曰：「木呈新貌，湖秀春色」。現存部份圍牆均見是青磚砌建。

圍村門樓內供奉土地，圍內村屋整齊排列，共有四排，一些村屋的門頭上有造工精緻的雕塑，中軸線的正巷末端原有一神廳，曾經重修，神枱上奉祀有該村的保護神。靠近深圳河的一邊建有天后廟，屬兩進三間式青磚建築，中隔一天井，廟內正殿懸掛有民國七年（1918）及十二年（1923）由善信捐贈的木牌匾三塊，上題「妙手回春」及「神恩庇佑」，但建廟年份難考。從牌匾上款所題「大仙杜男」所證，該村應有杜姓人士曾在廟內為村民贈醫施藥；另外左面門廊牆上嵌有重修碑記，隱約可見捐款人名單。廟後則有土地神壇一座。據村民稱，昔日該村均會舉行正式的點燈儀式，村民在該年添丁時會到天后廟酬謝神恩。

木湖圍門現貌

圍村北臨深圳河「三孖河」，村西北面的水口位置設有木湖抽水站，是接受廣東東江水的前沿，在此處接引來自深圳水庫的水後，輸送往大欖涌水塘、船灣淡水湖及新界各主要抽水站。

瓦窰 [9]

瓦窰村因客家人江氏在村中建窰燒製青磚及瓦而得名。該村位處木湖村旁、深圳河畔。江氏源自惠陽白花，其祖堂名為江同盛祖。村內最繁盛時期有逾百名村民居住。

村中最歷史悠久的是一幢三層高青磚砲樓，屬於江同盛祖。據村中父老云：每當盜賊來犯，村民會敲擊頂樓的鑼鼓向其他村民示警，全體村民更可入內避難，並帶同水牛、黃牛等牲畜收藏於砲樓底層。砲樓設有槍孔，以便村民槍擊來襲者。平常日子，村民會輪流在頂樓當值看守，可見砲樓除了是村民抵禦土匪侵襲之用外，亦肩負一般更樓的保安角色。與砲樓相連的村屋，成曲尺形，左邊也有一排村屋，惜現時已荒廢。

據村中父老口耳相傳，村民原擬在現時土地公神龕的位置興建祠堂，但動工時曾

瓦窰仍保存傳統金字頂民居

挖出血水，風水師認為不吉，該址改為供奉土地神，冀保佑村民平安。由於工程受阻，故村中一直沒有建立祠堂。

早年，瓦窰不時因鄰近的深圳河氾濫而水浸，當遇深圳水庫排洪時更為嚴重。為祈求免受水患，瓦窰村內有一神龕供奉天后像。自深圳河治理河道工程後，水浸情況已經改善。

瓦窰下 [10]

瓦窰下由陳氏陟乾公後人立村。相傳一名陳氏族人帶同兩名屬兄弟關係的族人移居坪洋，後來其中一人的後裔分支遷居到瓦窰下開村，至今已歷十多代，該先祖另一兄弟則繼續定居坪洋。在現時村中央的位置曾建有一座房子，就是當年先祖初遷時居住的祖屋，其後改作祠堂。後來，神主牌被奉移至坪洋三房祠堂，由兩村陳氏後裔子孫拜祭。祠堂的神主牌被奉移後，該處被村民用來存放打穀機、石磨等農具，村中孩子亦會在內玩耍。

瓦窰下昔日以從事燒製磚瓦而得名，村中曾有三座瓦窰，均是在山坡挖掘而砌成，現在已經荒廢，據村民云：部份瓦窰因颱風及暴雨引發的山泥傾瀉倒塌，最

瓦窰下牌樓現貌

後一個瓦窰大約在 1960 年代時停用。

從前，瓦窰旁邊有山溪水流下，當時溪水清澈甜美，在窰旁積聚成湖，小孩在那裡嬉戲，今已不存在。另有源自東風坳、龍尾頂、銅鑼坑等多條河溪流經該村。

坪輋 [11]

坪輋位於平原盆地，被眾山環繞，由數條村落組成，包括坪輋老圍、坪輋隔田、坪輋元下，統稱坪輋村。該村應是清朝《新安縣志》記載的平源村。坪輋由萬氏立村，其先祖源自陝西，遷江西，再遷廣東。萬氏第七世祖允吉公曾在韶關的南雄珠璣巷定居。後來，於明朝初年遷來坪輋水圍（即現今坪輋老圍天后廟及水流坑西北一座叫鹿公山的西南麓）立村，以萬允吉為開基祖，至今已是廿三世，大約六百多年。村中曾設祠堂，昔早年倒塌。萬氏族人分流在老圍定居後，興建馬房以養馬為生，故當時老圍又名馬村。據父老相傳，當時爆發瘟疫，萬氏族人分散居住附近地方，包括現今坪輋範圍內的隔田、元下，亦有族人遷徙到塘坊。

坪輋除了萬氏，現時亦有從沙頭角遷來的曾氏聚居。村代表萬慶新及萬金明憶述村中曾有其他姓氏的村民，例如隔田曾有數戶歐姓人氏，但早已移遷外地；塘坑林則曾有戴氏落戶，居於兩層高的瓦屋，但現已搬離。

坪輋村村公所現貌

坪輋村內名勝林立，如平源天后廟、道教純陽派的道觀雲泉仙館、浸會園宿營營地。坪輋的公共設施包括設在元下及隔田村路口之間的坪輋村村公所、「坪輋新村」（其為非認可村及鄉民習慣叫法而已）旁邊的鄉村中心大樓等。

坪洋 [12]

坪洋舊稱平洋，由客籍陳氏立村，其先祖原籍福建上杭，繼遷廣東五華，明朝崇禎年間（1628-1644）遷居新安，九世祖棟國公先到蓮麻坑安身，後因黃鼠狼遺害，飼養家禽困難，再遷打鼓嶺坪洋。《新安縣志》記載平洋村屬官富司管轄的客籍村莊。以前村中盡是平原，農田遍野，未插秧時水田猶如一片海洋，可能是村名的起源。

村內建有三座祠堂，分別是陳氏宗祠、陟雲祖祠和陟乾祖祠，以前者的歷史最悠久和規模最大。據村中父老云：陟雲公和陟乾公是棟國公從新安遷居到坪洋時所攜帶的兩名族中兄弟。宗祠是陳氏遷入坪洋後建成，至今每逢農曆新年和其他節慶，村中族人都會齊集這裡一起慶祝。昔日，祠堂旁有私塾授課，後來村民與政府在 1957 年合作興建坪洋公立學校，作育打鼓嶺區的不少英才，後因學生不足而關閉。

坪洋村牌樓及村公所

村外不遠處的 138 至 139 號青磚建築，是陳氏第六代在 1913 年前建成。大屋門前有禾坪，門框為麻石，門裝趟櫳，窗上裝有鐵枝，具清末民初鄉村大宅風格。

1954 年，鄉紳陳友才任打鼓嶺區鄉事委員會主席。1995 年，鄉紳陳金華聯合同宗的瓦窰下及附近的禾徑山，三村共同籌建坪洋三鄉村公所，1997 年落成，便利議事、處理村務、舉辦宴會等。村代表暨鄉事會主席陳崇輝任內相繼建成三鄉亭、踏步徑、遊樂場、噴水池等。該村居民代表陳月明，於 2019 年當選本港歷史上首位女性鄉事委員會主席，其後又在 2021 年 12 月當選該鄉首位立法會議員。

新屋嶺 [13]

新屋嶺居民以黃貝嶺張氏長房後裔為主。張氏原籍福建，宋朝遷至東莞，再輾轉在明成化年間（1465-1487）定居黃貝嶺，由十一世祖張靖軒公帶領族人建村。其後，黃貝嶺張氏四房之中以三房人丁較興盛，相較其他各房較具影響力，因此長房族長張仲彥帶領其兄弟遷到深圳河南面的新屋嶺立村。

新屋嶺有舊屋六排及一些散屋，全盛時期有 300 人居住，惟至今人口及村貌均歷變遷。村外麻石路是由一名曾中科舉的族人張其猶修建，連接文錦渡，經深圳河渡頭到深圳墟，現時村中一間小屋附設有其私人馬廄，相信當時北上的達官貴人曾使用馬廄中的馬匹上路。張氏家祠曾因風水問題搬遷，現在的家祠為新建的單

新屋嶺的圍門鐫刻「新屋居」，由李子遊書。

閒式家祠。村公所亦曾重修，因本來的村公所地方狹窄，村民有感聚會不便，村代表張伙泰在 1975 年帶頭倡議集資重建村公所，並獲同屬黃貝嶺張氏、當時的鄉議局首副主席、太平紳士張人龍鼎力支持，新村公所得以在 1978 年落成。

由於新屋嶺位於過境運輸通道文錦渡口岸對面，亦是蓮麻坑路路口，屬於交通要衝，昔日從新屋嶺經文錦渡過深圳是十分方便的，有農民來往兩邊耕作，如向西村、黃貝嶺村在這邊也有田地。自從改革開放之後，農業開始式微，邊境地區多設立工廠、運輸業等。由於歷史原因，至 1980 年代第一個正式的陸路貨運關卡便設在文錦渡，當年深圳的居民利用這個關口到香港採購物資。因此文錦渡促進了兩地的經濟發展，新屋嶺見證這個歷史性時期。

東江水供港與該村的歷史有密切關係，因為輸送東江水的管道就是經過新屋嶺，且以低價徵收了土地，因此新屋嶺對香港的民生有不可多得的貢獻。

現時每年農曆三月初四，新屋嶺張氏會協助上水石湖墟張靖軒堂籌辦張王爺誕：故老相傳，很久以前黃貝嶺村發生了一場瘟疫，有一外人入村，醫治好後離開，村民不知其姓名，為感謝他救村的恩德，建成「張王爺廟」，立神像以供奉之。後來張王爺廟被拆除，村民遂將張王爺神像移到石湖墟張靖軒堂供奉。兩地張氏族人會在重陽節相聚於張靖軒祖祠一起祭祖。

上山雞乙 [14]

上山雞乙位於北區打鼓嶺鄉內，與現在的下山雞乙合稱山雞笏（鬱），1688 年編的康熙版《新安縣志》已有記載，當年寫作「山雞鬱」，超過三百年歷史。據

說當時這一帶山溪清澈，流水淙淙，環境清幽，於是人們便開始聚居於此，形成村落，但因客家話「山溪」及「山雞」讀音相似而被混淆，人們以訛傳訛，成為「山雞鬱」。

山雞笏的起源說法不一。有村民傳說，山雞笏原位於大埔田村西北山邊，本為風水寶地，村民聚居了近兩百年。但自村中的風水竹被砍掉後，有數十村民相繼離世，部份村民因風水問題，輾轉在二百年前遷居至上山雞乙村現址。

上山雞乙村民由林、蔡、黃、劉、葉五姓組成，不過葉姓已悉數搬離。根據打鼓嶺區各姓源流表，山雞笏村的林、蔡及劉氏在明朝中葉及清初遷入，當中林氏入遷時間最早。明朝正德年間（1506-1521），林氏由於人口繁衍，經廣東東莞南遷至山雞笏開村，距今已有五百年歷史，為一條本地人村落。蔡氏原籍廣東三水，

上山雞乙現貌

於清康熙年間（1662-1722）入遷山雞笏繁衍。該村劉氏原籍新安，亦於康熙年間南遷來山雞笏。山雞笏村早期以種植稻米為主。

上山雞乙由三排朝東向的古屋組成，村民從事文教及經商的較多。於 1952 年由村代表林九福領導興建的上山雞乙村公所便是用作書塾，以供村中子弟就讀。村內的古建築尚有一間以青磚建成的大宅，其正面牆飾以星號，反映屋主可能與內地有密切聯繫。村代表帶領村民於 2019 年建立村務委員會，服務村民及管理村中事務。

1969 年，香港獅子會為紀念與馬尼拉獅子會結盟，資助 6,000 元，在上山雞乙一間兩層樓的辦公場所內設立新界首個鄉村圖書館，為農村青少年提供文化服務。

下山雞乙 [15]

下山雞乙，又名「下山雞笏」，為一條本地原居民村落，西接上山雞乙，南鄰松山，屬區內位置最南的一條自然村。山雞乙上下村的林氏同屬「山雞笏」一位林姓先祖的後裔，大約二百年前，西河堂林氏十九世祖遷歧公在山雞笏原村另一邊立村。在二戰後政府記錄打鼓嶺區鄉事委員會的各姓源流表，首次確立山雞乙有上下兩村。現時山雞乙上下村的林氏後人，仍會在重陽時節到大塘湖附近的西河

下山雞乙現貌

堂十二世祖念忍祖墓地（於 2013 年遷建）祭祀，兩村的血脈相連，同宗同源。

山雞笏的林氏原籍福建莆田，經東莞，最早約在明朝中葉已南遷至山雞笏開村，距今已有五百年歷史。下山雞乙村民絕大部份為林氏，後來有一戶鄒姓遷入。

1950 年代後，下山雞乙居民為生計前赴歐洲，包括德國、荷蘭、比利時與英國等地，其中大部份從事「行船」工作，之後在各埠落地生根。村內目前仍有大約十多戶家庭居住，因為環境清幽，空氣清新，近年多了市區的人士因嚮往田園生活而遷入，村內新屋櫛次鱗比，各式其色。村中保留了昔日一間書室兼公所，相信建於百多年前，為下山雞乙及鄰近村落子弟提供教學；2018 年村中父老決定將其重修成一間多用途室，供村民聯誼之用。村中林氏居民，每逢農曆三月廿三日會參與天后誕的祭祀活動。

香園圍 [16]

又名香園，位於打鼓嶺東面，北望深圳蓮塘，乃新界最北村莊，清康熙年間隸屬廣東省新安縣六都範圍，嘉慶年間屬官富司管屬客籍村莊。原籍五華的萬氏於清乾隆（1736-1795）初年從深圳蓮塘過來這一帶務農，漸漸繁衍及在香園立村。

香園圍朝巽萬公祠現貌

重建後的香園圍萬氏宗祠

香園萬氏是客家人，與坪𪨶的本地人萬氏並不是同一個宗族。其後由於人口眾多，萬氏分遷至村的西面另建聚落，名「下香園」，故此香園圍亦稱「上香園」或「老香園」。香園萬氏的產業大部份屬於「萬朝巽祖」。香園圍昔日生產線香，故名為香園，戰前是一條十分發達的鄉村。

香園圍的村民在 20 世紀初時大多會出洋打工，到中美洲牙買加、巴拿馬等地，賺錢後回鄉，興建了多間青磚圍屋及砲樓。其中上香園圍的一座大宅附設砲樓一座，砲樓入口與屋相連，牆上設有槍孔，頂層建有防禦土匪盜賊的堡壘，仍見昔日用來攻擊土匪的石塊（另見古蹟名勝篇）。下香園圍亦有客家大宅一座，兩側附設有更樓兩座，上有砲孔及鰲魚的雕塑，窗設有直柵，整間屋的防禦設計甚為堅固，可見屋主的富裕，需堅守屋內的財物。

上香園及下香園分別建有朝巽萬公祠、廷業萬公祠及廷宗萬家祠三間家祠，均為兩進單間式建築。朝巽萬公祠的神龕木雕精美，供奉「萬氏堂上始高曾祖考妣神位」。

近年萬氏重建已廢圮的萬氏宗祠，以供奉「萬氏歷代始高曾祖考妣神位」，已倒塌的萬氏宗祠只遺下門額「萬氏宗祠」，村民並擬定了大門、神台及內門的對聯：「順行賜福，和盛萬年」、「祖德恩情千年順，行善積德萬年和」、「祖傳兒孫千年旺，勤儉積德旺丁財」。

香園桂香堂村公所原為香園公立學校的舊址，是村民聚會商討村務的場所，其閣樓更收藏了由村民捐贈的農具如風櫃，以及鄉民在戰前辦婚嫁時使用過的用具，如一頂花轎及過大禮時的一對雞籠，深具歷史價值。

簡頭圍 [17]

該村即嘉慶版《新安縣志》記載的澗頭圍,位於打鼓嶺坪輋路與蓮麻坑路的交滙處旁邊,屬本地及客家共同建立的圍村,村民包括陳、黃、梁、羅及鄭等姓氏。村中的陳氏原籍東莞縣,本地人,清嘉慶年間(1796-1820)遷入,其後客家人黃氏約於同治年間(1862-1874)自沙頭角鎖羅盤遷入。另據傳,清末民初時簡頭圍是通往古羅芳橋或箔口渡頭的要道,與羅芳村一帶的關係較密切,羅氏亦從羅芳村入遷簡頭圍。

村內的民居屬排屋模式,由五排村屋所組成。此村的居民對自然神靈十分敬重,除了圍村中建有神廳供奉各類神祇,以祈求神靈庇佑外,還在村中的一棵古榕樹前供奉有「榕樹公之神位」;村內有一口古井,村民亦設「井泉龍王之神位」,以示尊敬「龍王」護守此井泉,長年不竭地提供食水予村民使用,此泉今已封。另外,生產蔗糖是昔日村民的副業,現村前廣場仍可見曾用作絞糖的石磨三個,可見該村的經濟作業。

1950 年代,該村人口約有 180 人,村內有一座金頂的村公所,於 2002 年新建成

簡頭圍村村公所現貌

兩層平房，是村民聚會及辦村務的地方。村公所旁的一排共十餘間古老民居，是昔日圍村前排的排屋，皆為傳統中式金字頂民居，以青磚砌建，仍保存尚好，其中兩間門額上鐫有「福祿壽」三字，反映屋主祈求屋宅福運綿綿的意願。村口則有一間名為「品廬」的大宅，為三戶人家共同居住的民居，前面設有三扇門，左側為通往上層的樓梯，屋前則有正門大閘。其他舊屋陸續改建為新型村屋。

李屋 [18]

李屋為單姓村落，居民皆姓李。李氏自明正德年間（1506-1521）前後，從廣東新安縣遷來李屋一帶立村。李氏以李懷輔祖為李屋的開基祖，村中建有李氏宗祠，屬兩進單間式的建築，供奉有李氏歷代祖先牌位，並供奉有高莆村族人、新界鄉議局前主席李仲莊的神位，以示同宗同源。村中亦有供奉彥斐祖的彥斐堂。另一房芳旭祖有兩個兒子維有、新華；維有祖其後有金龍祖及孚遠祖，金龍祖生有福、有興及有祿。昔日有芳旭祖後裔的兩兄弟遷往沙頭角禾坑村定居，移遷禾坑的李氏後人亦會在大年初二前來李屋村謁祖。

彥斐堂是一間家祠，供奉有彥斐公及歷代祖先神位，祠堂前有一風水塘，作為調

李屋村公所現貌

節村中風水之用，此外亦飼養錦鯉，其後因發展而填平。村中曾種植有數百年樹齡的樟樹七株，其後因需要換取資金興建祠堂而賣出數株。村中仍然保留若干清代青磚民居，而祠堂側建有「李屋村公所」，為新建的兩層式平房。

1950 年後，村中原居民為謀生紛紛移居海外如英國、法國、荷蘭、比利時等，但仍會支持村中事務，如每逢雨季，村民飽受水浸之苦，回流村民遂集資捐建石橋一座，方便村民，並立石碑以誌其事，可見海外僑民對村中事業的貢獻。

大埔田 [19]

大埔田原稱大蒲村，因村中土地平坦、水源充足、田地肥沃而得名，但政府登記時誤作「大埔田」。其主要姓氏有歐、彭及蔡姓。歐氏於明崇禎九年（1636）從廣東順德遷來，彭氏及蔡氏則於清康熙年間（1662-1722），分別從沙頭角禾坑平防尾及廣東新安縣入遷大埔田。惟根據現任村代表的記錄，部份蔡氏族人是從深圳河北面的蔡屋圍入遷，從村內曾存四塊「功名石」可資證明。村內另有黃姓、張姓居民。

大埔田原有圍牆環繞，用以抵禦外敵，村內曾有書塾。戰後，村中子弟多到塘坊

大埔田的田疇現況

的永傑書室或老鼠嶺的週田學校及坪洋公立學校讀書。到了 1960 年代內地難民湧港，有的遷徙至大埔田外圍搭建寮屋居住，大多以務農為生。

昔日，村中有魚塘，村後有大片樹林，林中樟樹十分粗壯，兩個成人環抱也不能將之包圍，惜因發展而被砍伐。大埔田村未有建立祠堂、村公所等堂會組織，惟他們信奉圍村中的伯公神，在自己家裡供奉觀音等；村中居民非常信奉平源天后廟的天后，每年均有組織酬神隊伍前往慶祝天后誕。

得月樓 [20]

得月樓據說因清朝羅湖村（今位於深圳）當地一家名叫得月樓的酒家而得名，據說酒樓位於羅湖橋往上水方向的一百米處，惜其遺址已因深圳河擴闊遭淹浸。

在英國人尚未租借新界前，居住在深圳羅湖的袁氏村民常到得月樓的農地耕作。得月樓旁曾設渡頭，一名姓梁的村民經營船渡，載人往返深圳河兩岸的墟市買賣。港英政府成立禁區後在邊境豎立鐵絲網，深港兩地居民不能再自由來往，村民唯有改到上水石湖墟「趁墟」，深圳羅湖村的袁氏族人則需有耕作證才能到港界務農。

得月樓村為一條在戰後由眾多姓氏聚居而成的村落。居民主要有馮氏、葉氏、梁氏、陳氏、蔡氏、袁氏等。得月樓學童多到鄰近料壆村的光裕小學就讀，部份學童會到羅湖公立學校上學。1994 年深圳河擴建後，現時僅餘二十多戶後期居民聚居。今天的得月樓村與當年的得月樓位置有別。

松園下 [21]

松園下又名松園廈、松園吓或松元下，「松園」之名，與該地松樹有關。松園下位處白虎山之西南，《新安縣志》記其屬於六都管轄範圍下的村落，嘉慶年間則改隸官富司管屬客籍村莊。村民主要為何氏，據族譜記述，松園下何氏屬盧江郡何氏，為明初東莞伯何真後裔。何真於明洪武年間（1368-1398）控制東莞一帶，松園下應於明末期間已開基，家族分支從新安縣笋崗遷至松園下，以何南溪為開基祖，於村內建立祠堂兩座，分別是何氏宗祠與橋芳家祠。

松園下內有多所青磚砌建的住宅，其中 58、59 號，曾被侵華日軍徵用為哨站及軍官宿舍，即「松園下第六番」、「松園下第七番」。村內還有一座大砲，相傳是出於風水原因而造。

松園下村村口

塘坊 [22]

塘坊主要由本地及客家人組成，兩者皆姓萬。本地人萬氏較早在塘坊定居，百多年前從坪輋分支到塘坊立村，與坪輋萬氏同宗同源。

另外一支則屬客家人萬氏，村代表指其祖先從五華遷往蓮塘，再於約 1870 年代從蓮塘搬到塘坊定居，其中一房居於村中名為「福善第」的大屋，他們與香園圍萬氏同源。客家人萬氏遷徙後仍與蓮塘的萬氏有緊密連繫，禁區成立前村民經較寮的一條淺水坑往返深圳蓮塘耕作。

相傳塘坊當年以種蔗為生，但遺址已不能追溯。後來改種禾稻，現在塘坊的遊樂場以前是本地人萬氏的禾塘，用來曬穀、休憩。現時坪輋昇平學校的前身是塘坊村的永傑書室（見社會文教篇），前方空地是操場，曾有兩個籃球架，後來用作英軍到村內放電影供村民觀賞的場地，通常每兩三個月放映一次，放映前一星期會在村內貼告示。

塘坊仍保留不少傳統金字頂民居

禾徑山 [23]

禾徑山位於打鼓嶺東部邊緣，清朝時歸入官富司管屬客籍村莊，因緊靠紅花嶺西延餘脈禾徑山而得名，也有說昔日居民以耕種為生，村前是一片稻田，故此得名。村內原居民分別有葉、劉及傅三姓，他們早於三百年前已在此定居。葉姓的祖先乃於清康熙四十九年（1710）從廣東的海豐和陸豐遷到蓮麻坑，之後再分支到

禾徑山。劉氏亦是從蓮麻坑分支而來，據《劉氏族譜》載，劉氏入廣東始祖為劉開七，傳至劉玉麟「移居廣東寶安縣禾徑山……葬於竹山凹」，竹山凹即位於禾徑山及蓮麻坑之間的山坳。傅姓則於明崇禎七年（1634）從廣東博羅縣遷來。

禾徑山內有一傅氏宗祠，始建於新界租借前，於 2009 年重建為一間單間式建築，正廳供奉有「傅氏堂上始高曾祖」神位，牆壁上嵌有「捐款芳名」碑記。劉氏在村內沒有祠堂，但因為他們是由蓮麻坑分支而來，劉氏後人會前往蓮麻坑的劉氏宗祠祭祖。葉氏祠堂現已坍塌。

村落西面植有一排風水林，將附近隘口擋住，產生「塞水口」，以求「聚水」風水林由十多株巨樟組成，部份估算已有超過二百年以上樹齡，被列入「香港古樹名木」（編號：LNSD N3）。風水林綠葉成蔭，已成禾徑山一景。

過去，禾徑山周邊是沙頭角鹽田一帶往返深圳墟和縣城必經之道。村內供奉有大王爺神壇，是近年重建的，昔日原神壇及其石碑部份被保留；祠堂右側是一間超過百年的傳統中式民居，以青磚砌建，正門飾以麻石門框，現已坍塌。禾徑山的居民在戰後建成村公所，負責管理鄉村事務。

傅氏宗祠建於禾徑山村屋前排，面向一個禾坪。

本鄉範圍內有多個聚居地，包括較寮、沙嶺、坪洋周邊聚落、水流坑等，在 20 世紀初或中期由居民聚居而形成，居民習慣自稱為「村」或「新村」，但該等區域其實未獲政府接納為認可村落。

較寮 [24]

較寮位處竹園以南，現今蓮麻坑路旁，昔日鄉民種植的甘蔗會在此加工製作成糖，製作過程中攪拌原材料會發出一種特殊的聲響，因此得名。

較寮與深圳羅芳村本屬同源，村民陳姓，祖先康熙年間（1662-1722）由博羅遷居歸善縣（今惠陽縣），後再遷至新安縣深圳羅芳水口村定居。較寮陳氏與坪洋陳氏亦非同宗。1898 年清政府與英政府簽訂《展拓香港界址專條》前，羅芳村部份居民曾渡過深圳河在河以南耕種。據當地居民口述，村內有戰前屋，1949 年解放後，陳氏由深圳羅芳到此地搭建寮屋數間，後來慢慢發展成為聚居地，至今已超過六十年歷史。較寮位於邊界道路鐵絲網旁，周邊平房多為新建。經小徑北行接邊界道路，可到達另一邊界橋樑，當時該橋的耕作口有一警崗，據說只准深圳方面居民進出該橋，港方居民則不准經過此橋到深圳。

鄰近羅芳橋的較寮

沙嶺 [25]

沙嶺位於羅湖沙嶺南面,打鼓嶺西面。1950 年代後,有潮汕人士開始到此搭建寮屋,初時稱長莆,逐漸聚居發展,後期居民申請在官地建屋,生活慢慢得以改善。外面有竹林,因此又名沙嶺竹園。村內居民主要由張、鄭、梁、田姓組成。初時他們以耕種及養豬、雞為生,到 1960 至 1980 年代,養殖熱帶魚風氣興盛,不少居民改養熱帶魚,由經銷商銷往美國等地。磚廠加工磚塊也是當時村民主要謀生渠道。現在沙嶺約有 100 戶人聚居,建築以平房為主。此外,也有一批來自東莞的李姓居民,從事不同行業。

沙嶺的盂蘭會辦事處

坪洋周邊聚落 [26]

地處坪原路旁邊,在坪洋外圍。居民自 1950 至 1960 年代陸續遷至,屬多姓氏聚落。當時以耕種為生,但因自身並無土地,會向坪洋及坪輋老圍租土地耕種。這些居民其後也選擇在此落地生根,自己的親戚也帶來此處,聚落逐漸擴大,如今已傳至第三、四代人。2012 年,新界東北發展計劃推出第三階段公眾參與後,

該聚落居民反對收地計劃,又邀請義工在村內的房屋、牆壁、小徑上創作壁畫,因此得名「坪洋壁畫村」,壁畫會不時更新。

居所外牆塗上色彩繽紛的壁畫,是遊人熱門打卡地。

水流坑 [27]

位於坪輋五洲路的水流坑是一個戰後建立的聚居地,水流坑的名字源於有兩條水坑交匯於這一帶地方。1950 年代開始有人遷來水流坑,最初有 50 多戶,多來自海陸豐、揭陽縣或是馬鞍山礦場的礦工,在此耕田,養豬、雞為生。他們在更寮居住,後來發展成為棚屋或寮屋,需向坪洋、坪輋或長山古寺的業主繳付租金,以實物交付。居民當年出售蔬菜到坪輋菜站合作社,或賣給聯和墟收菜車,亦有村民在區內工廠工作,如坪輋老圍的永固紙業。水流坑居民的孩童以前都在前坪洋公立學校讀書,之後會到上水、粉嶺一帶升讀中學。

由 1970 至 1980 年代,村民曾一度增至 200 多人,後來政府開始因衛生問題管制區內的畜牧業,養豬、雞業隨之式微,居民陸續遷至市區工作及居住。近年常住人口約 50 多人。現時仍有居民經營不同種類的有機蔬菜,當中金記農場是香港其中一間獲認證的有機農場。此外,居民成立了長勝堂花炮會,參與平源天后廟的天后誕抽花炮及慶祝活動。

打鼓嶺區鄉事委員會

打鼓嶺區鄉事委員會於 1954 年成立，是新界鄉議局的組織成員之一，設有自身章程，有權獨立運作處理鄉務。英國租借新界後，1907 年理民府正式成立，負責執行港英政府在新界推行的政策，打鼓嶺區由大埔理民府管轄。戰後，港英政府才將新界分為 27 個鄉區，並在鄉議局的同意下，成立鄉事委員會。坪洋的陳友才成立打鼓嶺區鄉事委員會，並擔任主席，管理屬下 20 條村。鄉事會早期使用坪輋天后廟旁的房屋為辦公室處理公務，門額現仍刻有「公所」二字。

1951 年邊境禁區政策實施，打鼓嶺其中 13 條村納入邊境禁區內，包括得月樓、羅湖、新屋嶺、木湖、瓦窰、鳳凰湖、週田、李屋（部份）、簡頭圍、竹園、松園下、香園圍、塘坊。另外 7 條位於禁區之外，包括大埔田、禾徑山、坪輋、坪洋、上山雞乙、下山雞乙、瓦窰下。禁區內多為菜田，保留了鄉郊的特色，禁區外的農地大多已改作其他用途，如貨櫃車場、廢車場、露天貨倉及工廠等。

根據 1955 年 8 月 18 日由主席陳友才呈交予新界民政署的《新界打鼓嶺區鄉事委員會各姓源流表》，當時鄉事會所管轄的村落共有 18 條（若將山雞乙上下村分開則為 19 條），其表列次序為：禾徑山、坪洋、李屋村、木湖、竹園、木湖瓦窰、老鼠嶺、鳳凰湖、簡頭圍、香園、塘坊、坪輋、新屋嶺、山雞乙上下村、大埔田、羅湖、得月樓及松元（園）下。

新界打鼓嶺區鄉事委員會各姓源流表

村名	姓	遷來年份	若干傳	何處遷來	備註
禾徑山	傅	明崇禎七年	十三傳	廣東博羅	
坪洋	陳	明崇禎年間	十二傳	廣東五華	
李屋村	李	明正德前後	十八傳	廣東寶安	約四百多年
木湖	杜	明正德年間	十九傳	江西撫州	約四百多年
竹園	姚	明末年間	十二傳	廣東惠陽	約三百多年
	邱	清康熙年間	十傳	廣東惠陽	約二百八十年
木湖瓦窰	江	清光緒廿六年	四傳	廣東惠陽	
老鼠嶺	杜	明正德前後	十八傳	廣東鶴山	約四百多年
	蕭	民國初年	二傳	廣東寶安	
	何	民國初年	二傳	沙頭角鹽田	
鳳凰湖	楊	清道光年間	六傳	沙頭角鎖羅盆	約一百十餘年
	易	清嘉慶年間	七傳	元朗白沙	約一百四十年
	吳	清同治年間	五傳	沙頭角	約九十多年
簡頭圍	黃	清同治年間	六傳	沙頭角鎖羅盆	約九十年
	陳	清嘉慶年間	六傳	廣東東莞	約一百四十年
香園	萬	清乾隆初年	九傳	廣東五華	約二百年
塘坊	萬	明末年間	十六傳	廣東五華	在崇禎十一年之前公元 1630 年左右來
	黃	民國十六年	三傳	沙頭角鎖羅盆	
坪輋	萬	明末年間	十六傳	廣東五華	與塘坊之萬姓同祖
	歐	明崇禎九年	十七傳	廣東順德	
	曾	明宣統年間	三傳	新界沙頭角	
新屋嶺	張	明正德前後	十八傳	廣東寶安	約四百多年
山雞乙上、下村	林	明正德前後	十八傳	廣東東莞	約四百年
	蔡	清康熙年間	十三傳	廣東三水	約二百五十年
	劉	清康熙年間	十一傳	廣東寶安	約二百五十年
大埔田	歐	明崇禎九年	十七傳	廣東順德	與坪輋之歐姓同祖
	彭	清康熙年間	十傳	禾坑平防尾	約二百八十年
	蔡	清康熙年間	十傳	廣東寶安	約二百八十年
羅湖	張	清光緒年間	三傳	廣東惠陽	約七十年
得月樓	馮	民國廿一年	二傳	廣東東莞	
松園下	何	明末年間	十三傳	廣東寶安	約三百多年

1968 年，鄉事會獲政府批地在坪輋路興建會址，得到村民陳啟明及各有心人的支持，於坪輋路 198 號興建一座單層高的建築物，面積約有 2,100 平方呎，可容納 40 多名村代表會議，建築落成後，鄉事會正式遷入新建的鄉公所辦公。本鄉內的部份村落在不同年代已建有村公所。

1979 年 10 月 4 日，上水、粉嶺、沙頭角及打鼓嶺組成「北區行政區」。1981 年 4 月，政府在新界實施地方行政計劃，推行代議政制，設立區議會作為民間諮詢組織，原本的新界行政機構理民府改為以 18 區民政事務處運行，打鼓嶺區成為北區民政處與北區區議會共同管理的區域。1997 年 7 月 1 日，中國政府恢復對香港行使主權，從此打鼓嶺區屬香港特別行政區北區的管轄範圍。

2007 年，在鄉事會第 24 屆主席陳崇輝帶領下，經村代表大會會議通過，決定重修會址成一間新的兩層高辦公大樓，將會議廳擴充，增設會見鄉民的設施，推動鄉事會的工作更加與時並進。

現時鄉事會轄下的村落共有 20 條認可村，共有 41 個法定選舉的村代表席位，各村根據保持原有村長數額制度，獲配 1 至 5 個村代表名額，當中坪洋為數最多，有 5 個；其次是週田村有 3 個，其餘大部份為 2 個。茲將打鼓嶺區鄉事委員會第 27 及 28 屆會員村代表名單表列：

村落	村代表名額	鄉事會第 27 屆會員村代表		鄉事會第 28 屆會員村代表	
		原居民代表	居民代表	原居民代表	居民代表
坪洋 PING YEUNG	5	陳富鵬、陳金華、 陳昆平、陳偉康	陳月明	陳金華、陳昆平、 陳偉康、陳鋒強	陳月明
週田村 CHOW TIN TSUEN	3	杜錦貴、杜樹海	杜永森	杜錦貴、杜裕光	杜永森
竹園 CHUK YUEN	2	姚觀球	姚松添	姚松發	姚有華
鳳凰湖 FUNG WONG WU	2	易渭東	易嘉文	易渭東	易嘉文
下山雞乙 HA SHAN KAI WAT	2	林金貴	林禮堅	林滿和	林志基
香園圍 HEUNG YUEN WAI	2	萬新財	萬春明	萬新財	萬梓峰
簡頭圍 KAN TAU WAI	2	黃偉炎	黃笑珍	黃偉炎	黃笑珍
李屋 LEI UK	2	李復光	李怡妹	李復光	李富堅
羅湖 LO WU	1	—	梁源念	—	張志雄
木湖 MUK WU	2	杜奕壽	杜裕安	杜裕安	鄭錦富
瓦窰 NGA YIU	1	—	江勝凡	—	江勝凡
瓦窰下 NGA YIU HA	2	陳子超	陳玉煌	陳兆霆	（懸空）
坪輋 PING CHE	2	萬慶新	萬金明	萬慶新	萬金明
新屋嶺 SAN UK LING	2	張伙泰	張天送	張伙泰	張伙泰
上山雞乙 SHEUNG SHAN KAI WAT	2	劉朗堅	蔡鳳強	劉朗堅	蔡鳳強
大埔田 TAI PO TIN	2	蔡月明	林英傑	蔡月明	林英傑
得月樓 TAK YUET LAU	1	—	袁嘉雯	—	張水蓮
塘坊 TONG FONG	2	萬志成	萬志綱	萬志成	萬宇森
松園下 TSUNG YUEN HA	2	何悅明	何偉業	何悅明	何本誠
禾徑山 WO KENG SHAN	2	傅雅各	劉煥蕭	葉劍良	劉秀明

鄉事會執行委員會由全體村代表選舉產生，再由委員中選舉產生主席及副主席。由創會至第 16 屆為每兩年一屆，由第 17 至 19 屆每屆三年，第 20 屆開始則為四年一屆。執行委員會連主席在內共有 9 人，其中主席 1 人，副主席 2 人（首副主席及副主席之分，相信由第 10 屆開始，惟因記錄不詳，有待進一步考證）。鄉事會直至 2023 年 4 月已進入第 28 屆，前 18 屆主席為陳友才，第 19 屆主席為陳華春，20 至 23 屆為張伙泰，24 至 26 屆為陳崇輝。第 27 屆主席為陳月明，首副主席為林金貴，副主席為陳富鵬；第 28 屆（現屆）主席為陳月明，首副主席為張天送，副主席為易渭東。

打鼓嶺區鄉事委員會歷屆正副主席名錄（1954—2023 年）

屆別	年份	主席	首副主席	副主席	對應鄉議局屆別
創會至第九屆	1954-1968	陳友才	記錄不詳	記錄不詳	17 屆及以前
第 10 屆	1968-1970	陳友才	楊才	陳華春	18 屆
第 11 屆	1970-1972	陳友才	陳華春	歐連安	19 屆
第 12 屆	1972-1974				20 屆
第 13 屆	1974-1976				21 屆
第 14 屆	1976-1978	陳友才	陳華春	黃才發	22 屆
第 15 屆	1978-1980				23 屆
第 16 屆	1980-1982	陳友才	陳華春	張伙泰	24 屆
第 17 屆	1982-1985				25 屆
第 18 屆	1985-1988	陳友才	陳華春	萬秀平	26 屆
第 19 屆	1988-1991	陳華春	萬秀平	萬利華	27 屆
第 20 屆	1991-1995	張伙泰	黃偉炎	胡陳殿	28 屆
第 21 屆	1995-1999	張伙泰	黃偉炎	姚觀華	29 屆
第 22 屆	1999-2003				30 屆
第 23 屆	2003-2007	張伙泰	姚觀華	萬慶新	31 屆
第 24 屆	2007-2011	陳崇輝	黃偉炎	林金貴	32 屆
第 25 屆	2011-2015				33 屆
第 26 屆	2015-2019				34 屆
第 27 屆	2019-2023	陳月明	林金貴	陳富鵬	35 屆
第 28 屆	2023-2027	陳月明	張天送	易渭東	36 屆

鄉事會代表全打鼓嶺 20 條鄉村及其他聚居的居民，與政府部門商議各項事宜，舉行會議及商討地方改革等。三位正副主席每天均會處理鄉政及接見鄉民投訴等工作，擔當政府與本區的溝通橋樑，加強聯繫及了解，協助政府施政，將政府的政策下達到鄉民，解決地區問題及改善鄉民生活。

鄉事會日常為鄉民提供的服務也包括：協助鄉民證實原居民身份、核實鄉村殯葬死者身份、協助鄉民申請丁屋、協助鄉民辦理承受遺產及祖堂物業、為鄉民就田地業權及租務問題排難解紛，及其他鄉政事宜等。

打鼓嶺區鄉事委員會早年曾經同政府合作，提供場所作為「打鼓嶺婚姻註冊處」，並設有佈告欄刊登有關婚姻啟事。有關佈告欄現仍收藏在打鼓嶺區鄉事委員會大樓內，從佈告欄上的告示顯示，該「打鼓嶺婚姻註冊處」的運作時間是在 1970 年代，除了註冊婚姻之外，亦會附帶處理有關出生、死亡、領養等的註冊。根據註冊總署於 1975 年 8 月 1 日生效的註冊費用，出生證、死亡證及子女領養詳細證明書的收費為港幣 5 元正。

 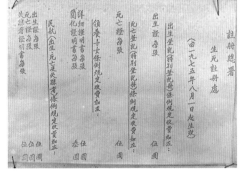

打鼓嶺婚姻註冊處，兼任各種註冊服務。

註解

1　有關遷界，廣東各地方志均有記載，詳簡不一。

2　客籍與本地人並不定格局，也可轉換，例如上水廖氏便是其中一例。

3　以前六約地域並不完全等於今天打鼓嶺地區。

4　週田村杜錦貴、杜樹海等口述，2021 年 10 月 2 日。

5　竹園村姚觀球、姚觀華等口述，2022 年 1 月 18 日。

6　鳳凰湖易渭東、易嘉文口述，2021 年 8 月 28 日。

7　羅湖梁源念、張漢松訪談，2021 年 5 月 18 日。

8　木湖杜奕壽、杜裕安訪談，2021 年 12 月 7 日。

9　瓦窰江耀偉、江勝凡等口述，2022 年 1 月 23 日。

10　瓦窰下陳玉煌口述，2021 年 11 月 8 日。

11　坪輋萬慶新、萬金明、萬慶就等口述，2021 年 5 月 21 日。

12　坪洋陳偉康、陳昆平等口述，2021 年 5 月 6 日。

13　新屋嶺張伙泰口述，2021 年 9 月 25 日；張天送口述，2021 年 10 月 30 日。

14　劉朗堅、蔡鳳強、林安平等訪談，2021 年 8 月 18 日。

15　下山雞乙林金貴訪談，2021 年 5 月 18 日。

16　香園圍萬遠慶口述，1982 年 8 月 4 日，摘自香港中文大學口述歷史計劃，1982 年；萬新財、萬秀平等口述，2022 年 10 月 15 日。

17　簡頭圍黃偉炎訪談，2021 年 8 月 26 日。

18　李屋李怡妹、李復光、李英偉等口述，2021 年 5 月 29 日及 8 月 26 日。

19　大埔田蔡月明口述，2021 年 10 月 5 日；林英傑口述，2021 年 10 月 21 日。

20　得月樓袁嘉雯訪談，2022 年 6 月 22 日。

21　松園下何悅明口述，2022 年 5 月 21 日。

22　塘坊萬志成、萬志綱口述，2021 年 10 月 17 及 28 日。

23　禾徑山劉煥蕭口述，2021 年 5 月 29 日；蓮麻坑葉秋平口述，2010 年 1 月 9 日。

24　較寮村陳貴平、陳貴華、陳運財訪談，2022 年 5 月 21 日。

25　沙嶺村鄭偉鈞訪談，2022 年 6 月 1 日。

26　坪洋周邊聚落居民張貴財訪談，2022 年 6 月 4 日。

27　水流坑村李桂蓮訪談，2022 年 6 月 16 日。

第三章　建置沿革

新安縣志　【卷之二　都里】　主

田貝村　壆下墩
向東村　錦興村
赤尾村　陳屋圍
筆架山　慶田村
澗頭圍　鳳凰湖
週田村　李屋村
平源村　大莆田
山雞鬱　塘坊村
松園下　凹下村
土狗莆　羅坊村
橫岡下　木湖圍
赤水洞　大巡村
牛角山　馬公塘
南岸村　蔄貝村
新屋邊　泥岡村

人口與宗族

打鼓嶺鄉的村落以本地人佔多，客家人較少。明清時代，此地並無官方人口記錄。一八九八年英國租借新界，人口從初期約千人，增加至八十年代的高峰近一萬二千人。現時由於不少村民到港九新界市區謀生，甚至移居海外，人口下降至不足一萬人。

人口概況 [1]

從明朝至 1898 年英國租借新界前，有關打鼓嶺區的官方人口記錄厥如，未能顯示具體人口數字。從訪問及相傳中，估計每條鄉村人口時有起落，由明朝至清中葉，家族「分家分房」，人口日漸繁衍。

族群人口結構方面，1898 年，本鄉以本地人村落佔多數（11 條村全是本地人或以本地人人口為主），客家人村落較少（3 條村全是客家人，4 條村與本地人人數大約相當，其餘只有少數客家人）；全是本地人或以本地人為主的較大村落（人口 150 以上）包括老鼠嶺、山雞笏、坪輋、木湖及新屋嶺，客家人的較大村落包括坪洋及香園圍。整體上打鼓嶺的人口從 1898 年約 1,000 人，至 1950 年代 3,700 人，呈增長趨勢。

1950 年代起，中國內地移民流入，新的聚落如沙嶺、坪洋周邊、打鼓嶺菜站周邊湧現，不少移民遷入得月樓、竹園、瓦窰、坪洋、坪輋、大埔田至上下山雞乙一帶，導致打鼓嶺區的人口結構更為複雜。1960 年代後，也有部份曾在本鄉村落暫居後外出到香港島、九龍工作的新移民再次遷回，如到沙嶺、水流坑等謀生。

1961 年，本鄉人口增加至 6,000 人。移民的遷入，使人口大幅上升，1970 年人口已達近萬人。1970 年代後，原居民村落的村民後代人數雖然逐步減少，但整個區的人口仍出現大增長。1950 年代後，大量內地人先在打鼓嶺停留，就地搭棚屋（又稱臨時房屋）居住，這種情況一直延續至 1980 年代初期，港英政府的管制偷渡政策收緊後才改變。

1980 年代初期，本區人口大幅增長至 12,000 人 [2]。1981 年打鼓嶺區的臨時建築物（由鐵皮或木搭成的寮屋）的人口約多於現代村屋（多數是由原居民向政府申請的丁屋）[3]。1990 年代開始，大量居民前往港島、九龍及新界的新市鎮謀生，打鼓嶺人口又大幅減少，至 2001 年打鼓嶺區的人口下降至 6,500 多人 [4]。

1997 年香港回歸後，不少新界原居民選擇從外國回流香港，部份人士申請丁屋，留在村中自住，或回鄉退休居住，這時期打鼓嶺原居民人口有所上升。2006 年，打鼓嶺人口輕微下降至約 6,100 人 [5]，跟中年或年輕村民前往粉嶺、上水及港九新界其他地方定居及工作有關。

整體而言，村中居住的原居民逐漸減少，頗多村民移居外國或到市區居住。

宗族概況

萬氏家族

· 坪輋萬氏

坪輋萬氏，祖源陝西，遷江西，再遷廣東，據《坪輋萬氏二房家譜》，萬氏一世祖名為萬鎮居，字世英，宋朝人，由廣東南雄移居東莞，是為東莞太平鎮開基祖。鎮居公娶何氏為妻，生二子，長子名為必達，字松侶，獲清政府授徵仕郎，次子名為必賢，字梅侶，生二子，次子念槐即為坪輋萬氏的直系祖先，萬氏系出鎮居公的二子梅侶公一系。萬氏三世祖念槐生子遇元，遇元生思源，思源生長子乃成，為東莞六世祖。

乃成公生一子允吉，號開源，被奉為平源鄉萬氏開基祖，時為明朝永樂年間（1403-1424）至宣德年間（1426-1435），距今已六百年。族譜所記，平源鄉即今打鼓嶺坪輋，乃因明清時期平原或平源是這一帶的統稱，意指坪輋一帶的廣闊平原之意，當時本鄉歸東莞縣管轄。

開基祖（總太公）七世祖允吉公妣張氏、何氏，共生三子，長子永耀，次子永存，三子永懷，為坪輋三大房，即長房、二房及三房。二房永存公生二子，長子世起（字代興），生福、祿、壽三子；次子世揚（字代發），生文寬、文遠、文望三子。其中代發祖於坪輋有較多祖嘗（祖堂地），20世紀後坪輋萬氏二房村民，包括老圍、隔田、元下、塘坊宗族成員，大多以代發祖的名義組織祭祖、舉辦村中活動等。長房永耀公後人傳至20世紀中期有七至八家人，居於老圍及元下村，老圍村民以萬氏長房人為主，二房永存公後人則分散於老圍、隔田、元下、南圍（位於今隔田村左邊，現已成為隔田村的一部份）。三房永懷公後人於20世紀中期住在老圍附近。

允吉公遷至平源鄉建屋及落腳時，選擇的地點位於今天坪輋天后廟及水流坑西北一座叫鹿公山的西南麓，村民世代稱為「水圍」，即坪輋水圍，是坪輋最早期立村的開基祖地。

據父老相傳，坪輋水圍萬氏於清朝中葉前曾是該地富有家族，擁有田畝阡陌眾多。清朝咸豐（1850-1861）至同治年間（1862-1874），水圍爆發瘟疫，村民死亡甚眾，村民以風水不吉利或不適合居住陸續遷出，先至隔田、南圍、元下、塘坊，繼至老圍。這四條村都是在清咸豐年間開基立業，有百多年歷史。

至1980年代後，坪輋萬氏已繁衍約三百名子孫，分散於香港市區及打鼓嶺坪輋各村，乃至英國、比利時、美國。

‧香園圍萬氏

香園圍萬氏，原籍深圳蓮塘，客家人。萬姓發源地在陝西延安，由延安經河南、江西贛州、廣東五華（長樂）至深圳蓮塘。十四世祖一儒，原籍廣東長樂竹塘村，遷居黃沙坑，其後子孫於明代流落至廣州府新安縣蓮塘圍居住。清康熙（1662-1722）時南遷至香園村立業，亦稱香園圍，至今已有三百多年歷史。十四世祖一儒公亦遷葬於香園村左邊，並於嘉慶十一年（1806）十一月十七日重修。

清中葉，十七世祖時興，生四子：朝泰、朝梁、朝棟、朝巽，人口日漸增加。嘉慶年間，香園村改屬新安縣官富司管屬客籍村莊，部份萬氏南遷至今塘坊村一帶。十八世祖朝巽公葬於大輋面上，祖婆則葬於坪洋圍左邊，土名嶺腳仔。其他三房，長子朝泰，生六子：卓乾、卓坤、卓魁、卓星、卓勝、卓茂；二子朝梁，生卓通、卓達；三子朝棟，生卓城。三祖公均在蓮塘居住，其後朝巽公身列儒業，獨立其志，遷於香園圍。朝巽公之長子卓輝，生一子，名嘉良，是監生，榜名榮芳。隨著萬氏人口增加，部份族人遷到西南面的下香園建屋居住。

昔日萬氏從事稻米、蔬菜及生果種植，將農產品運到上水石湖墟及深圳墟東門出售。子弟以前在萬氏建立的桂香學校就讀。目前萬氏除居於蓮塘及香港，也有移居海外。19世紀末，不少香園圍萬氏村民遠赴中美洲的巴拿馬、牙買加及秘魯等地從商或從事餐飲業，至今已五代。不少人賺錢後匯款回鄉建設新屋。

塘坊圍頭（本地）萬氏，與坪輋萬氏同祖。坪輋水圍二房二十世祖萬文耀公（名新發，次文耀，號朝傑）生於清道光二十九年（1849），乃塘坊村的開基祖。文耀公乃十九世祖萬大福公之子，妻李氏，妾二人鄧氏，生六子，長金容，次根傳，三火容，四祖榮，五河清，六榮業，塘坊村四家本地人萬氏即由文耀公之六子的後代子孫分支而來。每年重陽，塘坊村圍頭萬氏均聯同坪輋三房族人前往總太公位於土名「金釵地」的開基祖允吉公墓地拜祭。

塘坊另有一支萬氏為客籍，19世紀末從蓮塘萬卓清祖分支而來，與香園圍萬氏同宗。

李氏家族

李屋李氏族譜已散佚，根據現正整理的族譜資料，李屋李氏至今傳至三十代，上系是福建上杭始祖李火德公。李屋村始祖有說是宋代末年的福建寧化始祖李珠，其中一支遷至福建莆田開基立業。十八世祖勝福及十九世祖東章、附先、懷輔公約於明嘉靖年間（1522-1566）自莆田遷至李屋，已有數百年歷史。

至二十世祖爵興、彥斐、芳旭公，三人為堂兄弟，開始分家分房。李屋後人均以李懷輔一支為長房，彥斐祖繼承懷輔公成為長房，芳旭公則為另一房，其後子孫繁衍。時任李屋村代表李怡妹為芳旭祖後人，現任村代表李復光為彥斐祖後人。

16世紀末，李屋村祖先開基立村後二百多年，有兩兄弟因與族人不和而遷往沙頭角禾坑村定居。據《新界禾坑李氏族譜》所述：火德公生三子，其中第三子

御培公元末為避戰亂，遷至廣東程鄉縣，其後裔遷至廣東長樂錫坑（先遷至下潭，後遷至玉茶居住），為長樂錫坑李氏開基祖，是香港新界頗多客家李氏族人的祖先。

林氏家族

山雞笏林氏[6]，據《廣東林氏開族圖譜》及《打鼓嶺區各姓源流表》記載，原籍福建莆田的林氏，於明朝正德（1506-1521）年間，經惠州遷入東莞，明朝中葉棲居深圳南頭。另一說，指系出福建莆田的林積公之支派九牧薖公之玄孫大發祖，宋朝因宦遊南雄，睹柯子樹而知此地土沃俗淳，故置產卜居以為樂土，是為入廣東的一世始祖，未幾因金人南逼，林氏祖先始遷至東莞，至萬祖復西遷至寶安（今地），時為宋紹興二年（1132），惟後遭何迪之叛，林氏避散異地，未得其譜修全。入粵四世祖甲孫遷居於西鄉生四子：可安、可忍、可用、可定，乙孫祖姒鄭氏遷居於赤尾，丙孫祖遷居於洲頭，憂如祖遷居於油榨頭，而商如祖遷居於塘尾。山雞笏的林氏其後分為上、下山雞乙村。

林氏村民曾向上水廖氏、侯氏及其他姓氏的地主買地，下山雞乙林氏初遷祖十二世祖林念忍的墓地葬在大塘湖附近（今長山隧道旁）。林氏後人稱這可能因先祖初來時曾在大塘湖工作有關。下山雞乙建有林氏宗祠，林氏重視族中子弟的教育，村內曾設書室，為族中成員或附近村落子弟提供學習的地方，惟日久失修，後改建成一間大規模多用途室。

打鼓嶺老鼠嶺（週田村）及木湖村杜氏的祖先，同源於深圳向東村，均奉杜春華為開基祖。杜氏原籍江西無丹府寧化縣萬藤凹。春華公立村名為向東村，意思是旭日東升，朝氣勃勃，充滿生機（原向東村祠堂對聯：向擁紅輪程瑞色，東來紫氣接祥光）。

向東村春華祖子孫，包括木湖、老鼠嶺兩村的子孫，已傳十八、九代人。木湖、老鼠嶺杜氏族人都是二世祖棟琳公之子——首清、廷偉（及四世祖日洪、日富）、廷秀（及四世祖日丹、喜魁、泗魁）的後代。兩條村的先祖定下來後，開始分家分房。木湖村由向東棟琳祖（村民慣稱東林祖）及廷偉祖分支出杜上苑祖、杜德樞祖、杜卓樞祖、杜卓振祖及杜佩德祖，並成立聯合的祖嘗管理組織「四興堂」，方便管理祖嘗田地收支及將資產分配給族人。老鼠嶺杜氏族人子孫繁衍，分家分房，共分五大房：彥昌祖、廷偉祖、汝千祖、龍章祖、鳳章祖，統稱「五興堂」。

向東村除在木湖、老鼠嶺周圍擁有祖嘗田，由族人共同管理外，每年重陽節，三村宗親都會聚首一堂，輪流擔任祭祖儀式的負責人，通常於正日前往牛屎坑的春華祖墓地，共同拜祭開基祖。2008 年 2 月，深圳向東村杜氏新宗祠落成，為深圳一棟大樓的其中一層，春華公神位安位，杜氏子孫前往向東村參與新祠堂開光儀式，立碑一方，敘述杜氏宗族歷史淵源作為紀念。據說杜氏源於京兆郡，以封地杜為姓氏。

何氏家族 [7]

・松園下何氏

松園下何氏，本地人，來自南雄。後周時期，先祖何昶入粵之後，其後裔居珠璣巷十四世；宋元時期，何氏後裔相繼播遷到珠江三角洲地區，包括東莞及寶安一帶，據族譜記述：「何氏世居南雄沙水，有宏者，登宋崇寧（1102-1106）進士，為四會令，卒於官，子孫遂家於東莞城」，「明初封東莞伯何真，為入莞後第五代孫」，明朝末年，何氏從廣東新安遷至松元下（今松園下）立村，乃東莞伯何真的後裔，包括有作英祖、日善祖、禮裕祖及橋芳祖等後人。

松園下村內原建有三間祠堂——一間何氏宗祠及兩間家祠，其中一間家祠已塌。何氏宗祠前原有一矮牆，據說是因祠堂正對白虎山，祠堂建側門以擋煞，祠堂曾於 1972 年及近年重修。位於村落西面的橋芳家祠，是 1933 年由橋芳祖的後裔所建，神龕上供奉「盧江堂上何氏歷代祖先之神位」，牆壁上立橋芳祖捐款名冊及橋芳祖添香名列碑記。

村內有何氏大宅一間，由一位任船員的族人何華壽，於 1930 年代回鄉後建成。何華壽子何卓坤並未住在該屋，1950 年代起一直作為貯物室；另一位何氏親屬曾於五十九號居住至 1990 年代去世。何卓坤曾向村中捐資修建入村道路、涼亭及何氏宗祠。

・老鼠嶺何氏

老鼠嶺（週田村）何氏原居於沙頭角鹽田，約於清末民初，有兩三戶人遷到老鼠嶺定居，他們購買田地並僱請佃農耕種及管理雜務。何氏主要聚居在週田村的右

側位置。1927 年，在美洲巴拿馬謀生的族人寄錢回來，建成一間兩層高的何氏大宅，中西合璧風格，為 20 世紀初期廣東碉樓的典型特色，佔地三千多平方呎。其他幾戶人分別住在這所大宅的右、前、後方。

張氏家族 [8]

新屋嶺張氏，在清初由黃貝嶺靖軒公長房的後裔十九世張隆德及二十世張仲彥父子帶領，遷入新屋嶺立村，新屋嶺張氏奉張仲彥為新屋嶺之立村祖。

宋代，東莞一世祖張峴，仕宋授迪功郎，為惠州海豐縣尉，常有惠政。宋紹興年間（1131-1162）從福建省福州府福清縣遷徙至東莞大塘墟下，在東莞耕讀興業，繁衍達七代二百年。後於明洪武二年（1369），張氏其中一支後裔八世祖景登入遷深圳大鵬九頓嶺疊福村，成為深圳的一支開基祖。張景登之子張琬（九世），張琬之子張遠澗（十世），遠澗之子張靖軒（十一世）於明洪武二十九年（1396）誕生，孝友遺風，品格孤標，被奉為黃貝嶺張氏之祖 [9]。至明永樂八年（1410）八月，十世祖遠澗率子靖軒，從大鵬疊福村遷徙至深圳隔塘張家圍（即今水貝村）。張玉軒、張靖軒、張圭軒兄弟三人，枝葉繁茂，構成張氏三大房；玉軒一脈為長房，靖軒一脈為二房，圭軒一脈為三房。在張家圍居住了三代共 56 年後，明成化二年（1466），張玉軒之長孫思月繼續定居水貝，次孫愛月遷到向西，三孫懷月、四孫念月擇居湖貝；張靖軒之孫張東梧卜居黃貝嶺；張圭軒後裔初居橫崗排榜，後遷田面敏洲、香港落馬洲等地。

傅氏家族

禾徑山傅氏[10]，原籍福建上杭，明崇禎七年（1634）從廣東博羅縣經新安縣入遷禾徑山。傅氏入新安縣定居後，主要有兩大宗系：一為西貢東心淇村傅氏，另一為荃灣清快塘傅氏，兩者的族譜皆以始大祖宗信公至九世祖法勝公為傳承，十世祖後，才分屬不同宗系。禾徑山村傅氏與荃灣清快塘傅氏屬同一系，雖然沒有族譜，但口述流傳指太公為傅華嬌，由內地始遷開始，現在已經二十多代，相信是數百年前由一位先人帶領傅氏祖先在禾徑山落腳，禾徑山上仍存有一塊墓碑，有待考究。現多數村民已移居海外，另謀發展。禾徑山現有一間傅氏宗祠，於2009年重建，除傅氏族人捐款外，亦有來自長山寺的善款，該家祠原名子琦傅公祠。

陳氏家族

·坪洋陳氏[11]

坪洋陳氏，客家人，開基祖棟國、陟雲及陟乾，均出自長樂景旺公五世祖道貫和道立，更可追溯至二世祖貴隆公，即長樂第三房。棟國為道貫系、陟雲和陟乾屬道立系。

坪洋三大房始祖（也稱三大祠堂），由長樂（今廣東五華縣）橫坡遷至坪洋開基立業，現已有二十二傳。陳棟國落籍後，有感此地宜居開墾，游說陟雲及陟乾公前來坪洋，一起開拓基業，故兩位宗屬亦隨之入遷坪洋村建屋定居（約位於今陳氏宗祠兩旁及後面圍屋位置）。最初棟國居於村的中間，即陳氏宗祠兩旁，二房、三房其他支的後代則各自於陳氏宗祠後的排屋及左右兩翼的客家圍屋居住，後來

三房祖先陟乾一支後裔以原居處發展所限，轉至坪洋北面的瓦窰下建屋居住，故今瓦窰下村陳氏均為三房陟乾祖後裔。三房後代大體上和諧共處，繁衍至今已成為近千人的大村。

坪洋陳氏，其族譜書始祖可上溯至東漢太丘長陳寔。據《後漢書‧荀韓鍾陳列傳》記載：「陳寔字仲弓，潁川許人也。」北宋末年（約 1125）金兵南侵，七十八世祖魁公攜家眷 90 多人遷居福建汀州府寧化縣石壁村。至九十世祖景旺，於明正統十四年（1449）始遷長樂（今廣東五華縣）橫陂夏皁約大亨洞，是為五華縣橫陂及香港坪洋陳氏的第一世祖（五華開基祖）[12]。長樂五世祖道貫傳至七世祖素任，生三子，長子陳珊；珊生三子，長子棟國公最早遷到坪洋，故奉為坪洋大房（大祠堂）始祖[13]；至於長樂五世祖道立傳至七世祖素達，生四子，次子孟仁生四子，第三子陟雲，是為坪洋二房始祖；三子孟才生五子，第三子陟乾，是為坪洋三房始祖[14]。

‧ 簡頭圍陳氏

簡頭圍陳氏，原籍東莞，於清朝嘉慶年間遷入簡頭圍村（當時稱澗頭圍），定居當地已超過二百年。

易氏家族[15]

易氏據說源於太原郡，系出雍氏，春秋時先祖封邑名易，後人以易為姓氏，歷代名人輩出。鳳凰湖易氏祖籍山西太原易水（今河北易縣）。根據《香港元朗易氏族譜》，由太原遷至廣東鶴山，於明末清初遷廣州府新安縣元朗，初居大塘（今大棠）。

現鳳凰湖村奉光倫祖為一世祖。由於遇上荒年，大棠資源不足，五世祖卓倫公長子後裔分遷白沙圍及打鼓嶺鳳凰湖兩地。移居初年，約有二十餘戶，以務農為生，及後因生活窘迫，有部份宗族成員遠赴海外，多以餐飲業謀生，足跡遍及英國、美國、德國、荷蘭及新加坡等地。易氏經過約 350 年歷史，繁衍 17 代，人口約三百餘人，大部份已接受高等教育，多為專業人士，包括醫生、會計師、工程師及教師等，可謂人才輩出。

吳氏家族

鳳凰湖吳氏家族，客家人，先祖落擔於沙頭角擔水坑及山咀，為最初聚居地。據羅香林所藏《香港新界沙頭角吳氏族譜》所記載，吳氏始祖首先從潮州府大埔縣，遷居惠州府博羅縣，再移入沙頭角沙欄下、擔水坑、山咀等地[16]。

族譜記述清初復界後，官府招開墾，吳氏到達沿海地區居住。中英街博物館所藏《吳氏族譜》記載，中英街內的沙欄下吳氏，祖先於北宋熙寧年間（1068-1077）經廣東北部南雄入粵，遷大埔縣湖寮村開基。明朝末年再遷居惠州府博羅縣。

康熙年間（1662-1722），尚儒公從博羅遷新安縣大坦垌（即今沙頭角山咀村），為沙欄下村開基始祖。19 世紀，部份沙欄下村的吳氏遷到鳳凰湖。吳璽為該村第一代成員，在 1920 年代建立吳氏宗祠。吳氏村民或已遷出的子孫，於重陽節均會回到內地沙頭角沙欄下村的吳氏宗祠祭祖，有《重陽祭文》藏於中英街博物館。

客家人離鄉別井到南洋工作，很多都會在當地成家立室，當地人稱「娶番婆」或「娶暹羅婆」，吳氏族譜亦有記載。

楊氏家族 [17]

鳳凰湖楊氏，於清道光年間（1821-1850）從沙頭角鎖羅盆村遷來，約有十餘戶，以務農為生，及後子嗣以此為居所，建有楊氏宗祠。後因生活窘迫，有部份宗兄遠赴英國、美國及荷蘭等國家謀生。經過多年的繁衍，楊氏人口日漸增多，大部份接受高等教育，多為專業人士，有醫生、工程師等，人才輩出。關於楊氏的定居有一個廣為人知的說法，是以前易氏先遷來鳳凰湖時，經常有人入村打「文火」（即打家劫舍之意），於是邀請姓楊的人入村相助，楊氏於是在東北方定居下來。

楊氏宗祠的門口位置與吳氏宗祠一樣，也是偏向東北方，相信與風水避煞有關。楊氏宗祠在 2014 年重修時，除了外牆圖像、油漆（以前用顏料混和石灰髹在磚上）及橫樑改用鐵通外，其他顏色、門聯，內部格局都與以前一樣。現時楊氏只餘數戶留在鳳凰湖，其他都已經移民，但每逢新年楊氏族人都會回來祠堂拜祭。

劉氏家族

禾徑山劉氏，源遠流長，宗枝繁多，此支派原籍廣東河源，大始祖丘源公曾任官職，其三世祖十郎祖生三大房而後分衍。根據《劉氏族譜》[18] 中載，長子洪雨祖生一子玉麟祖，玉麟祖姒傅氏移居廣東寶安縣禾徑山（今禾徑山村），玉麟祖其後葬於竹山凹〔今蓮麻坑塘肚村（已廢圮）後山，即接連禾徑山的古道經過的山坳〕，姒傅氏葬於禾徑山屋背左邊。玉麟祖第三子鼎亮祖原居禾徑山，後移居蓮麻坑、徑肚。據劉氏村長表述，禾徑山村內原建有劉氏家祠，惟日久失修已倒塌。劉氏在蓮麻坑也建有劉氏家祠。

上山雞乙劉氏，於清康熙年間從廣東寶安縣入遷到上山雞乙村（見第三章），其與禾徑山不屬同源。

蔡氏家族 [19]

大埔田蔡氏，原籍福建汀州，來自深圳赤坎村（又名沙莆村、沙浦村）分支，清初復界後，該族人口繁衍，於是創立蔡屋圍。蔡氏在清康熙年間（1662-1722）因人口眾多而他遷，部份入遷深圳河南面大埔田立村。其後蔡氏大部份遷回蔡屋圍居住。村內曾存有四塊功名碑，蔡氏在大埔田有八間祖屋，其中一間是書房，現已荒廢。

上山雞乙蔡氏，於康熙年間從廣東三水移居此地，較大埔田的蔡氏稍晚。村民家中神龕，設「南陽堂上蔡氏歷代祖先神位」，當中以十五世祖蔡擇護公為落擔開基祖，另有蔡成發公祖墳墓，每年秋祭均有族人敬拜祭祀。

姚氏家族 [20]

竹園姚氏，根據《吳興堂志姚氏二房文貴祖族譜》所述，姚氏第一代先祖存裕公由惠州淡水南遷至深圳羅芳，生三子：長子兆、次子玉、三子敬。二房子玉公生文貴公，文貴公約於清朝嘉慶（1796-1820）末年，在深圳河畔以南的舊竹園村老圍落地生根，繁衍至今十三代。另根據由二房第九代所提供的村史資料及《竹園村姚姓家譜》，姚氏一世祖存裕公偕同元配鄧氏，大約於清乾隆八年（1743）從惠州府惠陽縣淡水鎮南遷，幾經周折，遷到竹園村，仍歸於深圳河北面羅芳村。

存裕公為姚氏一世祖，其後裔在新界租借前曾居羅芳村並建有居所，新界租借後，大部份後人回到竹園居住。

由於年代久遠及香園圍／蓮塘口岸的建設，竹園村於 2014 年搬遷至現時新村址，為免資料散失及讓本房子孫不忘先祖世系，因此修譜說明。舊址竹園村老圍有祠堂供奉先祖，2014 年則搬至今新址。現時的祠堂屬臨時建設，神龕供奉有「姚氏堂上歷代祖先之神位」。

竹園姚氏二房人每逢新年都會前往羅芳村姚氏宗祠，拜祭太公及其他祖先。英國租借新界初，邊境沒有限制兩地交往，竹園姚氏仍與羅芳姚氏保持聯繫。1950 年代邊境封閉，兩邊的姚氏族人開始中斷聯繫。

邱氏家族

竹園的邱氏，於清康熙年間（1662-1722）從廣東惠陽縣入遷，開基祖為鳳樓公。邱氏所聚居的竹園村原屬於羅芳村的一部份，1898 年英租借新界後，原羅芳村的羅氏及陳氏劃在華界，姚氏及邱氏則為英界，易名竹園。據村民口述因為舊村有幾棵大的竹樹，可能因而得名。在竹園舊村址的房屋被清拆前，原有一間以青磚砌建的邱氏家祠。

在政府發展香園圍／蓮塘口岸時，竹園村被遷到今天的新村址，邱氏在新村址新建有兩層高的邱氏宗祠。邱氏宗祠內神龕書「鳳樓邱公祠」，神台上供奉有「邱氏堂上歷代始高曾祖考妣之神位」、「開基始祖諱鳳樓邱公之神位」、六位祖先以及「邱門堂上歷代祖先神位，世代源流遠，宗枝奕葉長」。

彭氏家族

大埔田的彭氏，客家人，清康熙年間（1662-1722）從沙頭角禾坑平防尾入遷。根據村代表所述，原本村內的村民有姓蔡、彭及歐，後來其他姓氏部份離開到別村，彭姓現為大埔田村內最多人口的姓氏。

黃氏家族

簡頭圍黃氏家族，客家人。根據《新界沙頭角鎖羅盆村黃氏族譜》所記，黃氏發源地為河南鄭州及開封等地，自河南南下許昌，再入遷湖北及長江流域等省份。黃氏由明末開始在沙頭角不斷發展，祖祠留在鹿頸村，族人每逢正月初二前往拜祭。

黃氏於清同治年間（1862-1874）從沙頭角鎖羅盆村遷居簡頭圍，另一支在民國十六年（1927）從鎖羅盆遷入塘坊村。

曾氏家族

坪峯老圍的客家人曾氏，原籍廣東興寧，清宣統年間（1909-1911）從新界沙頭角三椏村遷入老圍。三椏村屬沙頭角十約中慶春約七村之一，與梅子林、小灘及牛池湖均屬曾氏家族的村落，以漁農為業，建有曾氏祠堂。由於人口自然增長，新界租借前後，該村人丁已達150人，原來的三椏灣老圍村已不夠地方居住，於是有一小部份人遷往新屋，到較近市鎮的坪峯一帶發展。

歐氏家族

坪輋及大埔田的歐氏遠祖相同，但為不同房的後裔，坪輋歐氏於明崇禎九年（1636）從廣東順德入遷，大埔田歐氏入遷時間應相若。據父老口述，昔日坪輋老圍人口眾多，包括歐氏及曾氏。坪輋隔田最後的位置有四間屋，是歐氏的祖屋，居民今已全部移民英國多年，村內亦未有歐氏祠堂，故家族歷史難有詳細記述。

歐氏位於隔田村內的祖屋

葉氏家族

禾徑山葉氏，客家人，祖先乃從廣東的海豐和陸豐遷到蓮麻坑後再分支而來。根據《沙頭角蓮蔴坑葉氏族譜》記載，葉氏廣東九世祖梅實公原居嘉應州，後遷居惠州海豐吉康都螺溪建立中心祠，被尊為一世祖，其後梅實公的子孫分派廣東各地。大九世祖思發公在清初時自螺溪遷居東莞松園下，其後其長子達波公到蓮麻坑開基[21]。葉氏二十三世祖應猷公遷到禾徑山。葉氏族人每年春秋二祭均到蓮麻坑祭祖。

蕭氏家族 [22]

老鼠嶺（週田）的蕭氏，客家人，於清末民初從寶安縣入遷此地。蕭氏第一代人是赤腳醫生，經常來老鼠嶺替人看病，與這裡的人熟稔之後，杜氏村民讓他們在此村建屋定居。戰前國民黨營長級軍官蕭天來為此族人。村內有蕭氏宗祠。

江氏家族 [23]

瓦窰江氏，客家人，原籍福建，清初遷移入潮州，居於深圳步涌村（自然村，位今深圳寶安區沙井街道步涌社區）。據說現今居於瓦窰的江氏家族於清光緒（1875-1908）初年首先從廣東惠陽白花南下。據瓦窰的父老及江同盛祖司理口述資料，江氏的祖先是經由深圳的草埔（今深圳地名，位於草埔東社區及草埔西社區）移入英佔新界，遷居至木湖村以東一帶地區，以建窰燒磚瓦為生，提供磚瓦予打鼓嶺以至沙頭角的村民建造房屋之用，故以「瓦窰」為村名。

瓦窰江氏祖先同盛祖開基立業，全村子孫以同一個祖堂名號「江同盛祖」購買田地發展本村，全家族可共享。江氏大宅連接堅固更樓，這座更樓是屬於祖堂的，如遇到攻擊，全族人可以藏身其內，以保安全，也可從槍孔放槍反攻敵人。惜江氏族譜已遺失，故未能詳細記錄瓦窰祖先入遷前的家族來源，據述在瓦窰已經繁衍六至七代，主要分支有三房人。在做磚瓦的時期，村內人口眾多（包括來自他處的燒窰工人），上世紀六、七十年代，村內的燒磚業已式微，江氏族人開始移居海外謀生。

羅湖村各姓氏 [24]

羅湖村為一條在戰後由眾多姓氏聚居組成的非原居民村落。據說較早期遷入的村民有客家張氏、溫氏、胡氏、周氏、梁氏、葉氏、廖氏、呂氏、鄭氏、林氏、彭氏、魏氏等，也可能尚有其他未能記錄，當中以張氏戶數最多。目前這些姓氏的前人未能見於集體官批契登記冊內，也無其他資料可供考究其更早入遷年期。

得月樓村各姓氏 [25]

得月樓村同樣為一條在戰後由眾多姓氏聚居組成的非原居民村落。其中的馮氏，據說於 1930 年代由上水鄉料壆村入遷到附近的得月樓。據說較早期遷入的村民有陳氏、葉氏、梁氏、蔡氏、袁氏、劉氏、盧氏、胡氏、鄧氏等，也可能尚有其他未能記錄。目前這些姓氏的前人未能見於集體官批契登記冊內，也無其他資料可供考究其更早的入遷年期。

第四章　人口與宗族

註解

1 Hong Kong Sessional Papers 1911 No.17 / 1911 及 H.K. Census and Statistics Department 1981。

2 《華僑日報》1986 年 5 月 6 日，北區區議員杜文光指出打鼓嶺區約有 12,000 人。

3 臨時房屋居住人數有 10,471 人，現代平房／村屋及私人住宅的人數有 2,159 人，*Hong Kong 1981 Census*。

4 Census and Statistics Department, *2001 Population By-census*, 2001 Population By-census Office。

5 Census and Statistics Department, *2006 Population By-census*, 2006 Population By-census Office。

6 林氏族人多，來源多出，見《新界林氏族譜》，1979 年。

7 《珠璣巷姓氏源流三：何氏源流》，2000 年，頁 4 及 65-66。

8 參見彭全民主編：《深圳黃貝嶺村張氏族譜》。

9 同上，頁 724-741。

10 傅玉清等口述，2022 年 6 月 7 日。

11 坪洋陳金華、陳昆平、陳偉康、陳富鵬等訪談，2021 年 9 月 28 日及 2022 年 5 月 6 日；陳華富、陳房水口述，2021 年 11 月 6 日。

12 陳永清主編，《廣東省五華（長樂）縣橫陂潁川堂陳氏宗譜史料集》，頁 46-47。

13 坪洋大房陳霖生影印之族譜，民國戊午歲（1978）仲秋月吉旦孫華勳抄錄。

14 陳永清主編，《廣東省五華（長樂）縣橫陂潁川堂陳氏宗譜史料集》，頁 79、88-89、94、96、98。

15 《香港元朗白沙圍打鼓嶺鳳凰湖村易氏族譜》，2004 年。

16 引自羅香林：《客家史料匯篇》，台北：南天書局有限公司，1965 年，頁 8、59-71。

17 鳳凰湖易渭東、易嘉文等口述，2021 年 8 月 28 日。

18 《劉氏族譜》亦名《新界粉嶺區馬尾吓簡頭村劉氏族譜》，1978 年。該族譜主要記述從劉鼎亮祖到徑肚村開基以來二十世的後人。

19 大埔田蔡月明口述，2021 年 10 月 5 日。

20 竹園姚觀球口述，2022 年 1 月 28 日。

21 阮志：《從沙頭角蓮蔴坑村說起》，香港：三聯書店，2012 年。

22 週田村杜錦貴訪談，2021 年 10 月 2 日。

23 瓦窰江耀偉口述，2016 年 7 月 11 日；江勝凡口述，2022 年 1 月 23 日。

24 羅湖張志雄口述，2023 年 9 月 19 日。

25 得月樓張水蓮口述，2023 年 9 月 19 日；得月樓袁嘉雯訪談，2022 年 6 月 22 日。

第五章

政治軍事

從英國租借新界，到日軍入侵香港，打鼓嶺位處邊境，無可避免深受影響，經歷了大大小小的事件與風波。戰後五十年代，港英政府設立禁區，覆蓋半個打鼓嶺，晚上更實施宵禁。從遺留下來的鐵絲網、耕作口、檢查站、警崗等設施，可見證打鼓嶺的禁區時代。

英國租借新界初期，打鼓嶺與廣州府新安縣以深圳河為界，但內地與英方沒有設立邊境關口，兩地居民還可以自由進出，至 1914 年新安縣改稱寶安縣後仍然如此。1941 年 12 月 8 日，日軍從已佔領的寶安縣經羅湖橋，越過深圳河入侵香港。二戰以後，港英政府於 1950 年代設立邊境禁區，打鼓嶺曾有大約一半屬於禁區範圍。

租借前期，打鼓嶺隸屬北約理民府。1947 年歸屬大埔理民府管轄，與粉嶺、上水、沙頭角合稱「上粉沙打地區」。1979 年從大埔理民府分拆出北區理民府，1982 年設立北區區議會，範圍仍然包括打鼓嶺、粉嶺、上水、沙頭角四個區域，合稱為北區四鄉。1997 年香港回歸祖國，特區政府於 2008 年後開始逐步開放禁區。

新界租借前後 [1]

1898 年，英國以香港安全為藉口，強迫清廷簽訂不平等條約《展拓香港界址專條》，將廣東省新安縣大片土地租借予英國，為期 99 年，是為「新界」（New Territory）。其中包括從沙頭角海到深圳灣之間最短的直線距離以南、九龍今界限街以北的廣大地區，以及附近島嶼和大鵬、后海兩灣水域。1899 年，中英雙方簽訂《香港英新租界合同》，劃定粵港邊界，規定新界北部以深圳河為界。

英方簽訂《展拓香港界址專條》後，曾意圖將地圖上界定從沙頭角海劃向深圳灣之間最短距離的直線，向北推進到北緯 22°40'。在 1898 年 10 月的《展拓香港界址報告書》中，輔政司駱克（James Stewart Lockhart）建議將深圳列入新界領土，因為深圳是新安縣東部的政治中心。他形容「讓一個中國城鎮留在英國領土近在咫尺的地方，其不利之處在九龍城問題上已經有所體會」，並進一步建議

以自然界限——新安縣北部界山——為新界北部陸界:「這條線形成一條沿山脊而行的良好自然邊界,易於防禦,又易於防止走私。」

英方為了順利接管新界,於 1898 年委派駱克全面調查新界情況,包括記錄當地自然地理、交通、社會及人口、風俗語言等資料,撰寫報告。根據該份報告,英國人曾將一些位於深圳河以南的村落,包括蓮麻坑、香園圍、坪洋、萬屋邊等,記錄在深圳區(Sham Chun Division)的 26 條鄉村之內。

駱克報告書將一些深圳河以南村莊納入深圳區村落,帶出兩點值得留意之處:

(1) 英國人將這些村落歸入深圳而不是鄰近的沙頭角,可能是因為它們屬於深圳河流域的村落。當時的新界村落組成鄉約,每個鄉約均有共同的灌溉系統,其後港英政府將這些鄉約併入其行政區域。蓮麻坑與其他深圳河流經的村落可能因此而歸入深圳區部份,新界北部的羅湖、萬屋邊、山雞笏、坪洋、坪輋、大埔田、落馬洲、新田等村均納入深圳區。

(2) 被納入深圳部份的一些村落,現屬於深圳經濟特區的管轄範圍,計有約十條村,例如蔡屋圍、黃貝嶺、羅芳及蓮塘等。這表明中英雙方在 1899 年簽訂《香港英新租界合同》前,還未就新界北部陸界作進一步勘定(即後來以深圳河為界),亦顯示英國人當時有意將深圳納入香港的範圍。

內地與香港的陸地邊界長約 22 英里,由沙頭角河這條小河開始,來到一個小山丘伯公坳,便成為深圳河上游,再經徑肚而來到蓮麻坑,這時深圳河仍然是一條小溪,大約只有十米闊;經過一條小石橋(後來稱為國際橋)後,差不多成 90

度向北走，蜿蜒一段，來到白虎山附近一片比較平坦的土地，再來到竹園才變得較闊，到了打鼓嶺匯合平原河支流，直至文錦渡才算成為一條河流，流至羅湖橋，完成深圳河東段的旅程。

這方面的邊界問題，雖然在《香港英新租界合同》中確定以深圳河北岸為界，暫時獲得解決，但事實上中英雙方一直就英國人可否借水漲駛到深圳河支流可以到達的地方，爭持不下。英國想以安全為藉口，擴大租借地的範圍，如曾誇大德國對大鵬灣的興趣，而要將整個大鵬灣包括在租借地內。這也顯示雙方在邊界的劃定上是不明確的。

英國人在租借新界初期的管治方式，是以傳統社會宗族、鄉約為地區事務的代理人，例如族長、耆老、或有名望的鄉紳等，以維持傳統社會的現狀為主，但港英政府擁有最後決定權。

日佔時期

日軍在 1941 年 12 月 8 日，即發動太平洋戰爭向美、英宣戰的同一天，向香港進攻。當天清晨，日軍橫渡深圳河突入新界，中午到達大埔。曾有資料記錄，日軍東路的左翼 229 聯隊主力由橫崗墟進逼，另一股由沙頭埔沿小路向打鼓嶺進發，砲兵 145 大隊隨後同路進兵，中路的右翼 230 聯隊由李朗沿鐵路入羅湖。同月 11 日，英軍放棄新界及九龍半島。

打鼓嶺部份鄉民曾參加中國共產黨領導的抗日游擊隊，香園圍村民萬雲生（也曾用萬容生之名）就是其中有代表性的人物，於 1944 年參加東江縱隊的沙灣中隊

抗日。解放戰爭時期，他任粵贛湘邊縱隊護鄉團二團中隊長，1948 年在沙灣參加武工隊，同年 8 月在橫崗戰役中犧牲。深圳龍華革命烈士紀念亭的紀念碑上刻有他的姓名和戰鬥事蹟。

日佔時期的打鼓嶺地區，村民曾目睹日軍在邊境巡邏，還任意徵召鄉民作勞工，在邊境修築戰壕或碉堡。如在白虎山（又名白花山）的碉堡，就是日軍強迫村民興建的。日軍還肆意徵用村民的大宅作為指揮部，如松園下的何氏大宅，成為了邊境日軍巡邏哨站及宿舍，門牌上用日文刻上「第六番」、「第七番」的字樣。該等屋宇至今仍存留，是日軍侵佔香港的罪證。

根據村民的口述歷史訪問，在日佔時期，木湖有很多村民遇害。雖然日軍從未在新屋嶺一帶駐紮，但他們在外圍卻殺死過村民。當時村民聽聞日軍到來，都會逃去他們稱為「後山」的恐龍坑躲藏。有一位村民在恐龍坑一處叫「鬼坑」的地方，利用禾稈草遮掩身體以躲避日軍，日軍用刺刀猛插禾稈草，他雖沒有當場遇害，逃回村後卻因傷勢過重去世。李屋村民則返到蓮塘的山洞躲避日軍，待日軍撤退了才回香港。

北區區議會

1960 年代末，政府推行新市鎮計劃，大量市區居民遷移到新界，使原有社區產生急劇變化。自 1977 年起，地區諮詢委員會先後在新界各區成立，由理民官擔任主席，委員會成員包括政府代表、社區領袖和鄉事委員會主席。地區諮詢委員會是日後區議會的雛形。

因應港英政府在 1981 年 1 月發表《香港地方行政白皮書》，落實《香港地方行政模式綠皮書》的建議，在全港當時 18 個行政區分別成立地區管理委員會和區議會，其中新界各區的區議會由該區的諮詢委員會易名而成。1982 年，北區區議會成立，包括打鼓嶺、粉嶺、上水、沙頭角四個區域，之後合稱為「北區四鄉」。同時，北區理民府改稱北區民政處，由北區民政主任（專員）兼任北區區議會主席。北區區議會保留了北區諮詢委員會原有的官守及非官守議席，包括鄉事委員會主席的四席當然議席。

回歸後的首屆北區區議會於 2000 年 1 月成立，打鼓嶺區鄉事委員會的主席繼續出任區議會的當然議員，並由打鼓嶺和沙頭角兩區選出一位民選區議員。

禁區設置與過境耕作

邊境鐵絲網 [2]

邊境禁區（Frontier Closed Area）是港英政府的特殊政策。港英政府於 1951 年 4 月 1 日頒佈《入境管制條例》，「管制非本港土生人士來港、離港以及在港內活動」，有關規例訂明，如要進入邊境區域，需持有由人民入境官員簽發的通行證（Frontier Pass）（Cap. 245）。邊境禁區的界線首先在 1951 年 6 月 15 日根據《邊界禁區令》[Frontier Closed Area Order (Cap.245 sub leg A.)] 確立，即在新界北部邊界地區實施封鎖，並定出禁區的範圍，市民必須持有港英政府簽發的通行證，才可進入或逗留此區。反之，在禁區政策施行之前，兩地居民均可自由進出香港。

昔日，在深圳河東段的兩岸分佈著大片農田，港界農民可自由到他們在內地擁有的田地耕種，而內地農民亦可到港界耕種。這種自由過境耕作，一直維持到港英政府當局建立邊界鐵絲網為止。

1949年底，港英政府將邊境關閉，並沿深圳河南岸建設了第一重鐵絲網，以防止偷渡者進入香港及走私。英方在鐵絲網之間留有一些閘口，以供過境農民到田裡工作。直至1951年6月，港府正式以政府憲報和《邊境禁區命令》界定禁區範圍，自此邊境禁區政策開始實施。

1962年，內地爆發逃港潮，一些內地人估計逗留香港的限制將會放寬，遂在夜間穿過鐵絲網偷渡入香港境內。4月尾最後三天，共有超過600人在邊境被捕，經羅湖遣返內地。5月初情況開始失控，警方需要使用在粉嶺新圍的軍營，暫時收押等候遣返的偷渡者。

1960年代，邊境禁區的設立嚴重影響打鼓嶺區的村民生計，是他們移居市區甚至移民外國的重要原因。至1980年代，打鼓嶺原居民人口急劇減少，男性在外工作，留在村中耕作的多數是女性。同一時期，內地新來港人士湧入，令整體人口上升至一萬人以上，他們初時在打鼓嶺就地搭建木屋或鐵皮屋居住，後來有部份改建較為堅固的石屋，並建立新的村落，落地生根。自1990年代起，該批新來港人士的後代多已搬出市區居住及工作，打鼓嶺區人口又下降至一萬人以下的水平。

1962年5月，逃港潮共有62,400人被逮捕及遣返內地[3]。5月17日，港府見原有鐵絲網未能有效阻攔大量偷渡者，偷渡者甚至會將整段鐵絲網推倒，故英軍在

禁區的界線上多建一重鐵絲網，東起沙頭角，西至落馬洲的防線，高 10 呎，頂部鐵絲網寬 20 呎，名為「蛇網」（Snake Fence）。許多偷渡客是涉深圳河而來，他們多會選擇在夜間過境，以免被警方發現，但亦有許多人日間照樣偷渡。

根據 1964 年所訂的《公安條例》（Public Order Ordinance）（Cap.245）第 37 條，警務處處長（Commissioner of Police）有權簽發通行證（Permit）給予任何人士進入或離開禁區（closed area），因此警務處處長作為警方最高權力者，對任何人士進入禁區有最終決定權。

1974 年 11 月，港府實行「抵壘政策」，內地的非法入境者如能成功進入市區，並得到親戚的擔保，可免被逮解出境，觸發了新一波的逃港偷渡潮。由於蓮麻坑對面的長嶺鄰近深圳梧桐山，叢林成為逃港必經之路，大批偷渡者從龍崗爬過梧桐山到達長嶺。他們許多會趁黑夜剪破鐵絲網，涉深圳河而過，有一些更進入蓮麻坑村躲避。

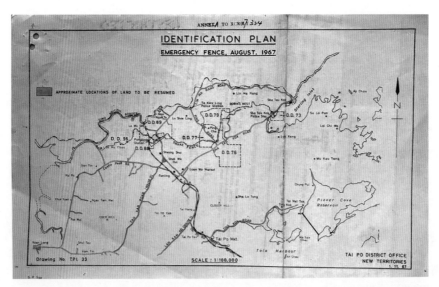

1967 年 8 月，政府為防止偷渡潮而緊急設立的「蛇網」地圖。（圖片出處：政府檔案處）

1978 年，政府因應新一波偷渡潮，在蓮麻坑路（往沙頭角方向）靠山坡的一面建造多一重鐵絲網，俗稱「第二防線」，由沙頭角山咀村一直延伸到嚤囉樓。警方的解釋是，靠深圳河邊的鐵絲網較矮，且不甚堅固，經常被大水沖毀，及被非法入境者剪破，才加設這重鐵絲網。新的鐵絲網在當時來說十分先進，可以通電，當非法入境者觸及，便會有訊號立即通知警方非法入境者的位置，方便追捕。

1977 年 11 月，廣東省委負責人彙報粵港邊境地區偷渡問題時，國家領導人鄧小平說：「這是我們的政策有問題，不是部隊所能管得了的。」他指出，生產生活搞好了，就可以解決逃港問題。「逃港，主要是生活不好，差距太大。」果然，隨著內地改革開放，人民生活水平不斷提升，偷渡逃港的問題便不復存在[4]。

1980 年 10 月 23 日，港英政府宣佈撤銷抵壘政策，同日港督麥理浩（Murray MacLehose）在立法局宣佈實施即捕即解政策，遣返所有內地非法入境者，但設三日寬限期，為已來港的非法入境者登記辦理香港身份證。

檢查站

警方在邊境禁區界線與主要公路的交匯處曾設置管制站，以控制進出禁區的車輛及人士，檢查他們的出入禁區通行證。

1963 年，港英政府以徹底阻止非法歹徒混入邊境禁區為由，實施新的禁區紙申請手續，較以往更嚴格，除出示身份證、姓名及地址證明外，亦須加蓋指模。到期換證的市民，手續亦較以往更繁複，須接受詳細的訊問及查核，證件的期限也較短。新界居民在新手續實施後曾表達不滿，他們在粉嶺警署辦申請時要蓋四個

手指模，認為如對待犯人一樣。

1963 年 5 月 13 日，由於手續繁複，打鼓嶺及沙頭角兩鄉的鄉事委員會首長，在理民府召開的各區鄉事首長聯席會議上，提出討論要改善。打鼓嶺區鄉事委員會主席陳友才指，該區所屬村落部份在禁區內，部份則在禁區外，但非禁區村落的鄉民均難獲發禁區紙，有村民的田地在禁區，卻無法進入禁區農作；甚至有村民遇有事故要往位處禁區內的打鼓嶺警署報案，也須由警車接送，深感不便。

1960 年代有邊境三個管制站，分別在上水紅橋、打鼓嶺坪峯及沙頭角石涌凹，設計以簡單的哨崗形式為主，管制站的 300 碼以內設有警署，當發生重大事件時，附近的警署可在短時間內作出支援。

1963 年 4 月 27 日《華僑日報》對有關出入禁區許可證的報導

1970 年 4 月，打鼓嶺曾發生居民因「禁區紙問題」而被拘捕的事件：事因港英政府以「未有許可證而擅自在禁區內逗留」的罪名，將打鼓嶺兩名剛出獄的農民再度拘捕並判監六個月，當地村民齊表不滿，一致要求政府釋放兩位農民，必須發給禁區紙及停止干涉他們在打鼓嶺居住的權利。該兩名農民姓林，一向在嚤囉樓居住及耕種，1968 年 10 月曾以「擄人」罪名被判監禁兩年。他們在 1970 年 2 月出獄後，政府不准兩人返回原址居住，亦不發出禁區紙，但他們並不理會，繼續居住在嚤囉樓及耕作，至 2 月 20 日，被政府拘捕並判監六個月。當地村民曾到打鼓嶺及上水警署交涉，但遭拒絕[5]。

1970 至 1980 年代，紅橋的管制站因應邊境禁區界線的變動，往後退至上水虎地坳，後來落馬洲管制站亦投入服務。

1997 年香港回歸祖國之後，政府開始檢討並決定分階段縮減邊界禁區界線。2008 年 4 月 1 日，警方推出新的邊境禁區通行證，以背景字母 R、V 及 W 來識別居民證、訪客證及工作證，以提高警方在邊境禁區的執勤效能並減少對居民造成滋擾。

至 2012 年 2 月 15 日，仍有四個管制站在運作，即沙頭角墟入口、文錦渡路（虎地坳段）、落馬洲路、打鼓嶺坪輋，發揮了限制車輛及行人進入禁區的作用。

2008 年，政府宣佈分三個階段，縮減禁區範圍至 400 公頃，至 2016 年 1 月所有縮減範圍全部執行。

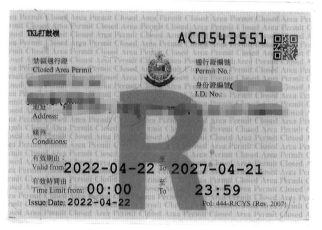

居民禁區通行證樣本,背景字母為 R。

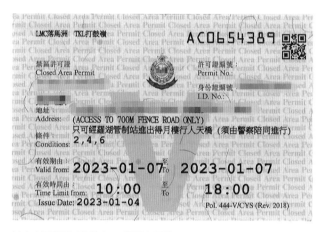

訪客禁區通行證樣本,背景字母為 V。

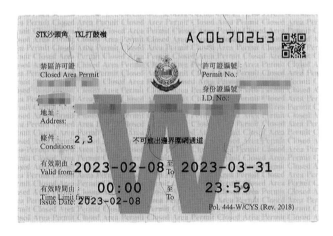

工作禁區通行證樣本,背景字母為 W。

日期	階段
2012 年 2 月 15 日	第一階段：釋放沙頭角六村，沙頭角墟入口新檢查站生效，石涌凹檢查站關閉。
2013 年 6 月 10 日	第二階段：縮減落馬洲邊境管制站至梧桐河段的邊境禁區範圍。
2016 年 1 月 4 日	第三階段：縮減邊境禁區範圍涵蓋梧桐河至蓮麻坑段（包括打鼓嶺北部村落羅湖、老鼠嶺、松園下及香園圍等）。

宵禁政策

1950 年韓戰爆發，在聯合國對中國內地實施禁運後，香港的邊境是內地唯一能非公開取得物資的途徑。因為新界部份村落涉及內地走私的活動，令港英政府開始加強邊境管制。加上 1949 年後，很多難民經文錦渡、新屋嶺逃往香港九龍，遍佈整個山頭。1951 年，港英政府決定在邊境設立禁區，以防止走私，同時堵截非法入境者。從 1950 年代開始，邊境禁區居民與車輛船隻等運輸工具一律宵禁八小時。難民潮過後，非法入境者一度減少，加上居民抗議，宵禁便改為每日晚上 10 時至翌日早上 5 時，共七小時。政府在 1968 年修訂有關法例，容許禁區各鄉民於晚間必須留在屋內之時間減為五小時。

其後政府再修例，將宵禁縮短至午夜 12 時至清晨 4 時，規定駕駛菜車人員或上班人士等出入禁區時，要持有「宵禁紙」才可以出入。據新屋嶺村代表張天送的經歷，他當時因為工作關係經常夜歸，需要另外申請宵禁紙才可以在夜間返家。他憶述：「1980 年代，在我外出市區上夜班的年輕時期，因為邊境禁區宵禁政策的限制，午夜 12 時後就不能回家，要等到清晨 4 時才可通行，那時警崗設於紅橋新村的梧桐河橋面，之後警崗在 1980 年代中期才搬移到虎地坳缸瓦甫路口。

12 點前我已踏單車在警崗前面等候，一直要等到清晨 4 時放行之後才能回家。」

禁區內村落及其交通

打鼓嶺區鄉事委員會轄下共 20 條村落和多個聚居地，從 1960 年代至 2016 年，大部份位於邊境禁區範圍內，包括：得月樓、羅湖、新屋嶺、木湖、瓦窰、鳳凰湖、週田、李屋（部份）、塘坊、簡頭圍、竹園、松園下、香園圍；聚居地有沙嶺、較寮、打鼓嶺菜站等。

·上水紅橋檢查站

1950 年代設立的上水紅橋檢查站，位於打鼓嶺西面，是包括羅湖、新屋嶺、沙嶺、木湖、瓦窰，以至其他蓮麻坑路沿線的前禁區村落的主要通道。住在這些村落的居民必須持有禁區通行證，在這個檢查站接受警方檢查，確認通行證有效後才能進出。

紅橋位於上水北，橫跨梧桐河，連接馬會道及文錦渡路，為此區主要橋樑之一，因此政府在 1950 年代實施禁區政策時，首先在此設立檢查站，任何車輛或行人如要過橋進入禁區，必須持有由警務處簽發的禁區通行證。1984 年後，檢查站撤至沙嶺虎地坳一段文錦渡路。

前紅橋檢查站（右方斜頂建築物），1984 年撤銷且後移。

· 沙嶺（虎地坳）檢查站

1984 年 3 月 24 日，政府宣佈將紅橋的禁區線後退 800 米，新的檢查站設在沙嶺虎地坳，取代紅橋檢查站（直至撤銷為止）。根據當時報章報道，被剔出禁區外的當地村民往來感到方便，也促進了禁區的田土買賣及土地使用。有 50 公頃土地因禁區線北撤而被釋出，發展為新市鎮用途，包括擴闊路面，改善日漸頻繁的文錦渡路貨車出入情況，尤其是當時穿梭於下水嶺採泥區與上水粉嶺一帶的運泥車，已無須於紅橋之前停下檢查，減輕擠塞。紅橋、華山村一些臨時房屋區居民亦不再需要通行證，新禁區線普遍受到歡迎。但是，該次調整卻沒有為打鼓嶺鄉禁區內的居民帶來改善。

該檢查站設有防撞石、簷篷、哨崗、休息室、辦公室及交通燈等，控制來往沙嶺及文錦渡的車輛，包括 73 號巴士、公共小巴及新界的士，乘客必須有禁區紙，的士亦必須有禁區通行證才可以進入禁區接載乘客。

· 坪輋路檢查站

另一個在打鼓嶺中心地帶，控守著往竹園、簡頭圍及塘坊的道路的，是坪輋路檢查站。但它與紅橋檢查站不同，後者是出入文錦渡的要道，使用者除了禁區居民外，還有來往香港及內地的貨車；坪輋檢查站的使用者則多為禁區居民及其他車輛，該檢查站位於塘坊村前，控制車輛及行人進出。

前坪輋檢查站內部，現已拆卸。

此坪輋檢查站與前文的虎地坳檢查站，於 2016 年 1 月因應禁區撤銷而停用，連同「道路封閉」等告示牌均告拆卸。

耕作口

上世紀，不少打鼓嶺及沙頭角的居民都需要前往深圳耕作及趁墟，他們要渡過深圳河，必須在箝口（深圳河和沙灣河的交匯處）搭乘橫水渡才能到達舊墟（即現在的深圳東門）。由於這條唯一的交通渠道被黃貝嶺長期壟斷，控制擺渡的獨家經營，打鼓嶺村民每次坐船渡河，都要支付來回兩次船費。

打鼓嶺村民為打破壟斷，希望興建另一條橋渡河，但一直遭到黃貝嶺村民的強烈反對，雙方間的械鬥持續數十年，人命、錢財損失慘重。1920 年代，根據《新安客籍例案錄》記載，當時打鼓嶺及沙頭角兩個鄉約的村民一起向廣東省政府請願，時任官員對這一申請表示支持，打鼓嶺鄉民終得以在羅芳建造了一座三節的花崗石橋，即羅芳橋，從此渡河不再需要依靠黃貝嶺控制的橫水渡。羅芳橋可說是當時打鼓嶺鄉村民成功爭取自身權益的重要歷史見證。

1978 年羅芳村過境耕作口，鐵絲網對面為香港新界較寮村。

羅芳橋至今仍被保留，橋兩端築起了鐵絲網，進橋前有一道閘門，是往日兩地居民進出的耕作口。英方接管新界後，部份深圳河兩岸的耕地被一分為二，但雙方居民仍可自由往返兩地耕作，到 1950 年代禁區政策實施後則要申請耕作證，才能通過閘口。1955 年，寶安縣登記了內地這批過境耕種人士及他們擁有的田畝面積，擔水坑有「52 人又 3 人」，由羅芳村過來耕種的共有 139 人，他們在港界的土地有 262 畝，而從竹園村過去深圳河北岸的則只有四人，只有四畝田在內地，兩者的數字相距很大。

根據村民憶述，當時打鼓嶺鄉內的耕作口有三個，分別是羅湖、文錦渡、羅芳橋，而整個邊境則共有 28 個耕作口。1960 年代的沙頭角事件和文錦渡事件，是深港雙方自戰後最大規模的衝突（見後文「邊境關係」），英方封閉邊界，除羅湖一處外，所有耕作口的閘門均被關閉。

根據寶安縣檔案館所藏有關過境耕作的資料，當時有人到打鼓嶺區耕作的深圳生產隊有六個，其名稱及人數如下[6]：

隊別	已發證數	男	女
蓮塘	137	77	60
羅芳（羅方）	70	31	39
黃貝嶺	89	28	61
湖貝	56	29	27
向東	107	38	69
羅湖	122	48	74
共計	581	251	330

整體來說，過境農民以女性較多，持證人士除可以到耕作區，亦會出禁區到附近的市集出售農作物、購買產品或辦理一些事務。

從羅芳、黃貝嶺持耕作證來打鼓嶺木湖、瓦窰、李屋一帶耕田的村民，有一百多至二百人，最忙時多達三百人。當年從深圳過來的人一般會遵守耕作證的規矩及時限，黃昏五、六時便回深圳，不會在香港過夜，為怕被警察發現後不再獲發耕作證，不能過來香港買貨回內地轉賣。有些人會在上水買些雜貨回去，轉賣賺錢，但一般農民多只是買日用必需品。

1960 年代，內地的「文化大革命」影響了正常耕作，大隊生產停頓，農田荒廢。1977 年「文革」結束後，各大隊在政策配合下陸續恢復生產，申請耕作證的人數亦有所回升。中方通過談判，提交過境耕作人員清單，要求英方繼續准許中方人員過境耕作，並發出新的過境耕作證，允許他們到耕地附近的市鎮如粉嶺、上水、元朗、沙頭角及流浮山，進行交易及購買日用品。中英政府在 1980 年代初曾協議容許深圳一方的村民到石湖墟等地販賣。

1974 年，港英政府實施抵壘政策後，內地居民只要拿著香港土地地契，想方設法到達香港市區後就可申請香港身份證，成為穿梭粵港兩邊的居民，且不需經羅湖等口岸辦理出入境手續。例如竹園村一些姚姓和小部份邱姓的居民就是這樣到香港的。

1995 年，內地農村進行城市化改革，深圳羅芳村的土地全部被徵用，村民因為沒有土地耕作，便以收地獲得的賠償蓋了房子。現時從港方望向對岸的一些高層住宅大廈，都是那時發展起來的，村民依靠租金及村股份公司的花紅，便可以過

著富裕的日子,再無須像以往一樣,日出過(港)境,日落進(深)境。

2000 年後,持耕作證的人士似乎有輕微增加,2003 年羅芳村 48 戶人家中,就有 87 人持有,但真正過境耕作的只有三戶,可說是最後一批跨境種地的深圳人。如今,羅芳村的居民仍然會從羅芳橋進入香港境內,故此橋頭還有一座警崗作為檢查站,偶而有一個持證的村民過境,閘門便會即時打開,他們辦貨後再經這個耕作口回羅芳。

保安設施

·打鼓嶺警署

打鼓嶺警署始建於 1905 年,是香港北部邊界最早建立的警署之一,原本是一間堡壘式的砲樓,由印度裔的警察負責防止偷渡者從內地進入香港,並適時以電話聯絡附近兩間邊境警署,即沙頭角警署及上水警署(當時位於上水圍內),維持治安。現時的警署於 1937 年興建,原本高兩層,其後於 1950 年代再加建一層。在日佔時期,大部份警署被日軍佔據,打鼓嶺警署亦不例外。逃港潮期間,打鼓嶺警署曾負責收容所抓捕的非法入境者,並日夜派出警員到邊境路一帶巡邏。當時偷渡人士眾多,警署一般會將他們送到就近的粉嶺新圍軍營,等待遣返內地。

1960 年代的打鼓嶺警署

直至今天，警署整體結構依然保存良好，因其重要的歷史價值，於 2010 年被古物諮詢委員會列入三級歷史建築。值得一提的是，該警署除了對維持邊境治安非常重要外，警署本身與打鼓嶺區鄉事委員會有緊密的工作聯繫，內部更精心陳列了許多打鼓嶺一帶的鄉村生活物件：村民曾使用的農具，如風櫃、打穀桶、石磨、犁、鋤頭等；昔日圍村必不可少的生活用品，如木桶、水桶、竹籃以及蓑衣等。這個小型博物館，由往日打鼓嶺警署的英籍指揮官歐智謀倡議，他收藏這些物件的目的，一方面是保存昔日農村居民的生產用具和家具，二則是寄望加深市民對傳統圍村生活的認識[7]。

· 打鼓嶺消防局

打鼓嶺消防局大約建造於 1960 年代，地處坪輋路與蓮麻坑路交界的一側，即打鼓嶺警署對面。斜對面為較寮，後面為簡頭圍及塘坊。由於數十年前邊境地區人口密度小，消防局的規模相對亦較小。

· 麥景陶碉堡（白虎山、瓦窰、南坑）[8]

1950 年代，港英政府認為中國內地局勢動盪不穩，大批難民湧入新界，為了加強邊境防衛，以打擊偷渡和跨境犯罪，港英政府在 1949 至 1953 年間，沿深圳河邊境興建了一系列更為堅固的警崗。這些警察哨站（碉堡）共有七座，日夜均駐有守衛。由於是時任警務處處長麥景陶（Duncan William Macintosh）倡議興建，因此被稱作麥景陶碉堡（Macintosh Forts）。七座碉堡均在 2009 年被古物諮詢委員會列為二級歷史建築。

七座麥景陶碉堡從東至西，分別分佈在伯公坳道、礦山、白虎山、瓦窰、南坑、馬草壟以及白鶴洲的山嶺之上，其中屬於打鼓嶺警署的有白虎山、瓦窰、南坑三

座。這些碉堡全部朝向北方，視野開闊，能清晰觀察深圳河以北的局勢變化。所有碉堡的設計風格基本一致，因為它獨特的外形以及堅固的石牆結構，酷似山上教堂，頗有直插天際的感覺，當時亦被稱為「麥景陶教堂」。

碉堡多呈八邊形或圓形，主體由兩部份構成：第一部份是圓筒狀瞭望塔，二樓設有360度窗戶，能從多方位監視邊境，並可直接從瞭望塔走出兩翼的天台視察情況。塔頂多設有大射燈，能以360度射出白光柱到地面進行監視，讓警方對各區村落的夜間情況一目了然，現時白虎山塔頂的射燈已被拆去。第二部份是碉堡兩翼的建築物，內部主要由警察休息室、廚房以及槍房等構成，外部設有齒狀矮牆作防禦用途。所有碉堡外牆的主色調皆為綠色，以利用周圍的綠色植物帶來相當程度的掩護性，加上它們外部由鐵絲網包圍，進一步提升了防禦能力。

當時碉堡主要由本地及客家籍的警員駐守，沙展（Sergeant）則駐守較重要的警崗。碉堡內部裝備充足，一旦敵人來犯，既可用無線電與毗連的警崗聯繫，也可作為獨立單位應對突發事件。時至今日，這些碉堡已沒有警員駐守，其堵截偷渡以及打擊跨境犯罪的用途已成歷史。

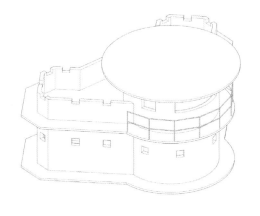

碉堡俯視圖，可見其整體呈八邊形。

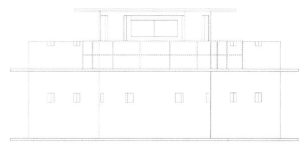

碉堡正面

1949 年英方封鎖香港邊境，並於 1951 年設立邊境禁區，對打鼓嶺居民的生活做成不便。至 1967 年內地爆發「文化大革命」，邊境地區經常保持戒備狀態，港英政府為了加強與邊境村民的連結，便派高官到村落巡視，一方面建立聯繫，另一方面亦監察村落有沒有匿藏「激進分子」。如 1967 年 7 月，大埔理民官韋能信（P. J. Williamson）親自探訪打鼓嶺區鄉事委員會屬下各偏僻村落，由鄉委會時任主席陳友才接待，其他父老及村長陪同，在坪洋村陳氏宗祠內會面，可見雙方對是次會面十分重視。

雖然有新界理民官試圖建立社區網絡，但這一地區仍然發生過多次衝突，其中最激烈的一次要數到「文化大革命」期間。

1967 年 8 月 11 日早上 9 時 30 分，約 30 人從內地越過邊界接近羅芳橋，發現閘門已被英方關閉後，即強行從鐵絲網的一個縫隙衝入英界，表示要過境耕作，當英方警員表示邊界已封閉，著他們返回華界時，雙方即爆發衝突，一位英籍警官被打傷。據 1967 年 8 月 12 日《華僑日報》報導指，衝突後英方使用催淚彈，驅散眾人回華界。華方向英方提出三項要求：容許過境耕作及拜祭祖墳，且需要尊重華界居民傳統權益。

事件發生後，港英政府阻截邊境居民的來往，不再容許過境耕作，除羅湖閘口外，其他耕作口如羅芳橋、長嶺和赤尾都被關閉，耕作口數量大減。在這段時間內，過境耕作的內地村民失去了生計，大隊生產也停頓。本來他們有土地在大埔理民府註冊，需要定期交稅和納糧，但事件發生後華界村民擔心被捕，就沒有再繳交，

至於港英政府有否因此而充公土地，雙方各有說法。

過境耕作問題曾引發過一些衝突，但較少人留意邊境的情況。自戰後至 1980 年代，與內地接壤的邊境禁區一直處於較為緊張的狀態，由於保安需要，打鼓嶺居民受制於禁區的措施，生活大受影響。1960 年代偷渡潮時，許多非法入境者入村躲避追捕，引來警察；沒有通行證的市民一律不准進入邊界禁區範圍，朋友親戚要入村探訪，也必須由原居民擔保才能申請通行證，令當地與外界的聯繫隔絕了半個世紀。至今當地仍保留了許多上世紀的邊境保安設施，成為歷史的見證。

韋能信（撥扇者）與村民在祠堂內會面

註解

1　可詳見劉存寬：《租借新界》，香港：三聯書店，1995 年。

2　可詳見劉蜀永：《劉蜀永香港史文集》，香港：中華書局，2010 年。

3　H.K. Government: *1962 Annual Report*, p.212.

4　《習仲勳主政廣東》，中共黨史出版社，2007 年，頁 69。

5　《大公報》，1970 年 4 月 24 日。

6　《深圳市改革委員會外事辦公室文件》1980—53 號；張伙泰等口述，2022 年 6 月 28 日；張天送口述，
　　2021 年 9 月 25 日及 10 月 30 日。

7　建築物今在，參觀須經特別安排，農具舊物則已搬移。

8　建築和舊物今在，參觀須經特別安排。

第五章　政治軍事

第六章

經濟民生

由於禁區政策窒礙了打鼓嶺的發展，加上受惠於土地與水資源，打鼓嶺的經濟多年來以農業和輕工業為主，商業則依靠墟市進行交易。

民生方面，禁區的設置影響了出入交通，部份公共設施則對自然環境及居民生活質素有不同程度的負面影響，有待改善。

打鼓嶺中部地勢平坦，有多條河流經過，自然環境有利農業發展，打鼓嶺鄉民與沙頭角、上水及粉嶺一帶的眾多村莊一樣，向以農業為生。由於平原廣闊，除了農業之外，不少需要較多土地資源的傳統輕工業也有長足發展，產品運到鄰近的墟市售賣。

打鼓嶺位處邊區，早年因軍事或保安需要而建設邊界道路，交通不算便利，而且因邊境政策曾設禁區，出入更加諸多不便。這種特殊的地理背景，直接或間接窒礙了當地經濟民生發展。打鼓嶺的公共設施還包括抽水站與大水管、堆填區、墳場等，這些設施對自然環境及居民生活質素有不同程度的負面影響。

香園圍管制站／蓮塘口岸建成啟用後，鄉內由三條道路貫通連接的交通狀況並沒有隨之升級改善，鄉民擔心口岸車輛會對地區道路網絡帶來更沉重的負擔。另外，區內有三個邊境口岸，每天能處理數以十萬計的過境旅客人次，因此打鼓嶺可能亦是全新界人口流量最高的地方。可是過往及至今天，由於政策的限制，這些口岸及人流的有利因素並未為本鄉的經濟民生發展帶來正面的促進作用。

農業

打鼓嶺的傳統農業一直維持至 1970 年代。今天，打鼓嶺的鄉民仍有種植蔬菜或生果等經濟作物；有部份原居民回流後，亦經營農場或農莊，或出租田地予嚮往田園生活或耕種的市民，使他們感受親手種植農作物的樂趣；亦有園地主要為促進旅遊、振興本土經濟，令原已經荒廢的農地重生。惟現今已鮮有以農業維持生活的居民。

打鼓嶺的農民原本以種水稻為主,由於此區多平地,且有數條河溪流經,包括平原河、深圳河等,本地人在廣闊的田地種植稻米。清初復界後,新入遷的客家農民則在山邊開闢畬地(山坡上的旱田)為生。打鼓嶺鄉內平地,一直由孔嶺延伸至坪輋、坪洋至平原河中下游一帶,水源相當豐沛,對居民發展種植業非常有利。

20世紀初,打鼓嶺的農業仍以種稻為主,農田分佈於深圳河兩岸,深圳河北岸的羅芳村(今深圳)均有村民過境到蓮麻坑路南邊的田地耕作。1950年代,大批內地同胞來港,其中不少人從事園藝或畜牧業,故選擇居住在邊境地區如打鼓嶺,向原居民租用土地或開墾荒地,投身農牧業,因而促進了本地農業轉型。這年代蔬菜市場開始興旺,是戰後培植蔬菜的發展期,經營此類農場者水準相當高,擁有優良技術和經驗,將耕作科學化,令蔬菜的生產量相當高,價格亦較高。由於1952年全年雨水少,這些農場一度經營困難,直至1954年情況才開始好轉。一些小規模的農場,自耕自作兼養豬和雞。在1950年代,菜價變化不大。由於種菜這個行業使生活得到保障,令鄉內很多土地都改為種植蔬菜。

1957年,有場主將其經營的菜地轉讓予從港九市區遷來的人,賺回一些利潤後又在別處開闢新地,他們漸向鶴藪、馬尾下等區域發展,該區水源充足,地租較便宜,但較遠離墟市。1958至1959年,從港九市區遷來投身農業的人漸多,所以種植業漸漸發展至打鼓嶺鄉外各地。

除了稻米外,農民亦有種植其他作物,如苦瓜、西洋菜、菠菜、生菜、菜心、豆角、粟米等。當中雷公鑿苦瓜是香港市民最常吃的苦瓜品種之一,由打鼓嶺出產

的雷公鑿特別美味，昔日「打鼓嶺雷公鑿」與「鶴藪白菜」齊名。雖然雷公鑿味道獨特，但是其抗逆性低和產量不高，加上後來本地農業式微，打鼓嶺雷公鑿的品種未能很有效傳承。近年，本地種子公司培育出改良版的雷公鑿，名為「大丁苦瓜」，保留了雷公鑿甘而不苦的特點。

1970年代中期，打鼓嶺的農業耕作漸漸機動化，以李屋的農場為例，當時先後引入電動犁田機及機械噴水技術，取代一直以來的人力耕作，大幅提升效率並節省人手。1978年內地改革開放後，部份農場引進深圳羅芳、湖貝、水庫等村的村民及技術，令經營成本減低。

1980年代，隨著農產品市場開放，市場競爭激烈導致價格急降，內地農產品也大量入口，本港農場開始失去競爭力，難以經營。加上田租、工資上升和農民子弟不欲從事農業等因素，導致新界大量農田荒廢。1980年的「生發案」（Melhado Case），申請改變農地用途作擺放建築材料，獲判勝訴，開新界農地可以改成貨倉經營的先例，形成「棕地」。時至今日，打鼓嶺很多農地亦因此改變用途；與此同時，也有不少人在坪輋、李屋、下山雞乙和鳳凰湖等地復耕。

2000年代起，為促進本土經濟，部份農場改變經營模式，成為針對本地一天遊遊客為主的休閒農場，市民到訪打鼓嶺農莊自摘士多啤梨，蔚然成風。這些休閒式農莊多推廣有機耕作為招徠，成為都市人在秋冬季節享受輕鬆自在田園生活的好去處。

1950 至 1960 年代，嘉道理農業輔助會在新界畜牧業扮演重要角色[1]。養豬計劃
是農業輔助會成立後的首項工作，向農戶提供抵押免息貸款，成立簡單的豬舍，
並向每戶送贈兩至三頭母豬，待小豬長成，可推出市場售賣後，農民才需償還貸
款。這些豬農的家庭式豬場普遍規模有限，僅有八至十頭母豬，若自行飼養公豬
以作繁殖之用，並不划算，因此衍生出「趕豬郎」行業，養公豬的農民會把公豬
趕到不同豬場，與母豬進行交配繁殖，每次出動能賺取 20 至 30 元的酬勞。早期
漁農處亦以低廉收費提供公豬配種，但為免豬隻交叉感染疾病，後於 1959 年改
為替母豬人工受精。

農業輔助會推行寡婦援助計劃，主要服務對象是在二戰期間喪夫，此後從事割草
等雜役勉強過活的寡婦，按照她們的背景，贈送相應的牲口給她們飼養。如有能
力養豬的婦女，可獲贈豬屋四間及懷孕母豬兩隻；有耕地但沒有耕畜的，可獲贈
耕牛一頭；較年長者，可獲贈母雞 18 隻及公雞兩隻。在當年的農業社會，擁有
耕牛者能得到較多尊重。至於當時養雞賣蛋的收入，比割草雜役多兩至三倍。輔
助會職員發現，沒有話語權的村婦往往會變得積極主動，向職員請教農務。這個
援助計劃帶給寡婦的得益，並不局限於經濟價值，也提高了她們的個人價值觀。

早期本鄉各條村落的居民均有小規模的家庭式養豬、養雞作業，旨在改善生活或
將之出售後獲得一些金錢。後來，隨著養殖業的興起，本鄉內養豬及養雞的規模
不斷變大，形成行業。據一位 1970 年代由內地來港的養豬兼養雞業退休場主憶
述[2]，最盛時鄉內持有政府牌照的養豬場約超過 50 間，牌照規模由 150 多隻至最
大的 3,000 隻不等，下山雞乙超過 500 隻的有 8 間、200 至 300 隻的有 8 間，坪

洋村後面有 3 間，恐龍坑有 4 間，雲泉仙館後面 1 間，塘坊 1 間，嚇囉樓 8 間，水流坑 10 間，木湖對面有 2 間，浸會園後面 1 間，上山雞乙、大埔田、沙嶺等地也有養豬場；此外，還有很多沒有牌照的家庭式養豬場，僅以下山雞乙外圍為例，就有 18 家無須牌照的小規模養殖；根據這些豬場牌照的批出總量以及其他的家庭式養殖，並以肉豬的一般養殖期為 8 個月來計算，本鄉的養豬場年度供應量不少於 60,000 隻；農場的豬隻一般直接賣給市場買手（商業公司），但須安排到政府的屠宰場合法宰殺後才能向市場供應。養豬場的經營者多數為潮汕人，亦有一些場主來自東莞、惠陽、揭陽等地。

鄉內的養雞場約有 40 家，按規模大小，以次分佈在嚇囉樓、下山雞乙、沙嶺、水流坑、竹園、上山雞乙、大埔田等地，經營者情況大致同上述，較大的農場養雞超過 2 萬隻，中小型的規模養殖 1 萬至 1.5 萬隻。這些農場雞隻飼養期一般為 4 個月，便可推出市場售賣。

1987 年，為遏止未經處理的禽畜廢物排放入水道造成污染，環保署實施禽畜廢物管制計劃。根據管制計劃，在指定禁制區範圍內一律禁止飼養禽畜。至於位於其他地區的禽畜飼養場，如要繼續經營，則必須確保妥善處理禽畜廢物，以符合污水標準的規定。1989 年，政府向家庭式養豬作業的農場提供了處理廢物整改的指引和幫助，並選擇了位於圓茶壺、以家庭式養豬 100 多隻的「明記農場」作為排污示範農場，為農場建設曝氣池等設施。在符合排污標準後，經營者就可以獲發正式的養豬場牌照，而其他已經領取牌照的農場也需要根據這個標準來處理禽畜廢物及排污。該計劃其後於 1994 年作出修訂以進一步加強禽畜廢物管制。

打鼓嶺的低窪地勢容易出現水浸，令農業常因天雨而蒙受損失。農場、豬場等近

年常在暴雨期間被淹浸，損毀農作物及淹死豬隻，有時損失會十分慘重。即使農戶們可向漁農自然護理署申請低息農業貸款及緊急救援基金，但打鼓嶺區鄉事委員會認為，這些措施僅能解燃眉之急，長遠而言，政府部門應積極改善受災地點的排水及渠務設施，才是治本的方法。

打鼓嶺的養殖業在 1970 至 1990 年代，確實為香港市民的肉食供應做出了不可忽視的貢獻。

政府對農業的支援

1950 年代由於邊境局勢緊張，政府較以往更支持本地農業。政府對農作物進行選種和留種的工作，在青山、上水、大龍、打鼓嶺、西貢、大帽山、荃灣、大埔、東涌和梅窩等地建設了十個實驗農場或農業試驗場，設置種子倉庫，以全天候空調設備保存種子，又有專人定期進行種子發芽測試。政府亦曾考慮在禾徑山興建水塘。

· 打鼓嶺菜站 [3]

1946 年 9 月 3 日，港英政府根據 1940 年防衛條例，制定法定權力管理九龍及新界地區蔬菜的搬運與發售。1949 年前，由九龍蔬菜市場派車沿公路收集蔬菜，運往市場代售，收取售價的十分之一為佣金，並將售款帶回收集地付款。當時每天約一車，70 至 80 籮。自 1949 年在粉嶺安樂村一號設立首個收集站後，每天運銷兩次，每次兩三車。其後，政府在安樂村球場（後稱粉嶺蔬菜合作社）、龍躍頭、軍地等設立收集站，至 1957 年，又在龍躍頭一號橋、黃崗山、粉嶺圍設立收集站。繼後又設立馬尾下、打鼓嶺及坪輋收集站，每天運銷蔬菜

數目相當龐大。

打鼓嶺收集站（通稱菜站）由政府的蔬菜統營處管理，協助戰後本地農民生產復元，並提供規律化及效率化之市場銷售服務，改善農村社會及經濟情況。菜站當時成為銷售蔬菜的新途徑，農民除了把農作物帶去上水石湖墟自行買賣外，亦可透過打鼓嶺菜站運銷。每天有貨車定點收菜，從打鼓嶺菜站送往長沙灣的批發市場。

高峰時期，本鄉內的菜站每天處理的菜量達 2,000 籮，可見打鼓嶺農業興盛。從內地過境務農的農民不會把農作物運回內地，均帶往打鼓嶺菜站出售。至 1962 年，由於打鼓嶺菜站已不敷應用，坪輋蔬菜合作社因此成立。前者負責蓮麻坑至木湖，因範圍較廣，每天出車十多次接收各村農作物；後者則負責李屋至下山雞乙，每天最多出車八次。

隨著合作事業逐漸發展，打鼓嶺蔬菜產銷貸款（有限責任）合作社成立，接收打鼓嶺菜站，繼續把蔬菜由鄉村轉銷至全港，從中抽取佣金，以自負盈虧的模式運作。它與坪輋及另外 24 家合作社，均為新界蔬菜產銷合作社有限責任聯合總社（簡稱菜聯社）的屬下組織。1980 年代中國改革開放後，內地蔬菜大量供港，一改以往新界蔬菜主導本地供應的局面。加上當時本地經濟發展迅速，不少農地荒廢，打鼓嶺菜站的重要性亦隨之減低。

打鼓嶺菜站現貌

除了嘉道理農業輔助會，當年漁農處（現漁農自然護理署）亦扮演積極角色，主導漁農政策、農業研究和推廣。漁農處於打鼓嶺設有試驗農場，稱為政府農場，進行土壤肥力、高產種子、防治蟲害和水源等農業研究。

1980 年代中期，本地農場面對內地農產品的競爭，漁農處邀請本地農場做試驗，轉為種植美國超甜粟米品種「阿菠蘿太陽神」。現時，該農場已被改為打鼓嶺行動中心，工作包括治理染病牲畜、檢驗雞隻、訓練偵測犬等。

工業 [4]

打鼓嶺農地甚多，惟至 1960 年末，因農業開始式微，大量鄉民移居海外，導致農田荒廢，因此有大片土地田畝未加以利用。時任打鼓嶺區鄉事委員會主席陳友才建議政府為適應環境，放寬土地使用及鼓勵投資設廠建屋，此舉可以令地方經濟繁榮，改善民生及增加政府的收益。

磚瓦窰業

除了農業，打鼓嶺的工業活動也一度興盛。早於 19 世紀，瓦窰下村民在三座山坡分別挖了三個窰洞，燒製青磚及瓦，但在 1960 年代或之前已停用。

至 20 世紀初期，客家人江氏在木湖瓦窰建窰。據村中父老憶述，最高峰時村內有五個窰，需以過百人手運作，動員全村男丁和僱用外來工人，後者在村內搭建木屋居住，省卻通勤時間。

瓦窰的村民就地取材，以村中泥土作磚瓦的原材料。村中的泥土黏度高，令出產的磚瓦特別耐用，當中以「頭青」（即首批出爐的青磚）的質素最佳。磚瓦除了供應打鼓嶺區內和上水的建築材料公司，亦會出售至元朗、錦田，以至深圳福田等地，以船隻沿深圳河運送。後來由於瓦窰生產的青磚不敵紅磚、沙磚的競爭，在 1960 年代停產，村民亦離開瓦窰村，改為務農或到市區工作，其中三個窰的遺址現時仍留存於村中。

1960 年代，新屋嶺村旁的恐龍坑開設了「雙英磚廠」，生產紅磚，或許成為瓦窰的競爭對手。廠內有多項設施，包括田字形磚窰、生產工場、曬磚空地、水井、製煤的小型工場和辦公室。另外，由於聘請了大約二十多名工人，所以亦有宿舍、大廚房、浴室及廁所等設施。

另外，在 1960 至 1970 年代，本鄉其他地方還有不少具規模的紅磚廠，如在水流坑（平源天后廟後面）有黃氏經營的「喜樓堅磚廠」，面積達二十多萬平方呎，有過百工人；在現時啟芳園位置有另一黃氏經營的「啟芳園磚廠」，在啟芳園前面有一間由陳氏經營的「瑞生磚廠」；陳氏也在下山雞乙雷公坑同時開設了另一間磚廠。這些磚廠都在 1960 年代末至 1970 年代初期結束[5]。

瓦窰村的磚瓦窰頂部

絞糖業

較寮早於 19 世紀已發展絞糖業，區內會種蔗，並有兩間屋用作絞蔗工場，面積大約千餘平方呎。工場聘用村外的工人運作，以牛隻帶動石磨絞出蔗汁，再放進鑊中烹煮，最終煮成片糖，主要供當區自用，也有外銷。隨著時代變遷，糖製品日漸普及，工場現已拆除[6]。

竹園亦有類似的作業，村中各戶都種蔗，遍及數畝地，每年 9 至 10 月就會收割。鄰近的香園圍村民亦有種蔗，卻沒有絞糖機，所以在收割後會到竹園借用絞糖機，需支付費用。

鄉村內仍然保留的石磨

其他工業

除了磚瓦業和絞糖業，打鼓嶺還有其他工業，一度是區內的重要經濟作業。如 1960 至 1980 年代於下山雞乙邊緣的「源源牛房」生產鮮奶，送到外面的工廠再作加工，該牛房部份建築物存留至今[7]；又如羅湖村內有三間打石廠，為鄰近的沙嶺墳場的入葬亡者供應墓碑。1960 年代，坪輋一帶亦有藤籃廠、造鞋廠等，近深圳羅芳一帶曾建炮竹廠及腐竹廠。

商業

粉嶺聯和墟的建設 [8]

戰後，粉嶺周邊人口急增，大埔墟和石湖墟已不能應付附近一帶大量的農畜產品交易。鄉紳認為在粉嶺附近十里內，並無分佈稍為合理的墟市，因此向政府提議創建新墟市計劃，希望為本地農民提供販賣農作物的市場，及更公平的交易場所。政府於 1947 年正式批准建立聯和墟後，首屆新界鄉議局主席李仲莊、粉嶺鄉紳彭富華、打鼓嶺鄉紳陳友才等七人牽頭在 1947 年 12 月 22 日成立「聯和置業有限公司」，負責管理聯和墟事務及財政，並在 1948 年 1 月 1 日開始正式招股。

招股分數階段進行，同時設「創辦股」及「普通股」，每股 10 元。創辦股只設500 股，可享有更多特權和回報，如分得更多盈利，及在股東大會表決時佔更多票數。創辦股於招股日全數售出，共有逾百條村落參與購買，大部份打鼓嶺村落均有參與墟市的創建。聯和墟大約在 1951 年基本完成建設，墟市也為打鼓嶺居民提供多一個謀生途徑。

上水石湖墟

石湖墟是上水的一個舊墟市，是新界北部的社會和經濟活動中心。它的建立年份不可考，清朝嘉慶版《新安縣志》的「墟市」列表中見其名稱，相信已有三百多年歷史。石湖墟的墟期是農曆每月初一、四、七日，建墟初期規模很小，只有八間店舖。隨著英政府租借新界，興築九廣鐵路和大埔公路，令交通更便利，石湖墟的發展在 20 世紀上半葉越見繁盛，打鼓嶺居民亦經常到該處進行買賣。

1955 年 2 月 21 日，石湖墟一間米舖後面的木棚突然起火，火勢迅速蔓延，整個石湖墟陷入火海，被焚毀的商戶有百餘家，災民數量達 4,800 人。受災的商戶希望港府能出資協助重建石湖墟，但港府認為石湖墟商戶所佔的均為私人土地，所以僅就重建石湖墟提出藍圖，而計劃所需的公共設施用地則由災區商戶送出，以換取其所屬田地能免地價轉為建屋用途。石湖墟在火災後重新發展，成為共有三百間店舖的商業中心。

在政府郵政服務尚未延伸至鄉郊的年代，居民會暫存信件或匯款於石湖墟的店舖，如「廣安堂」及「知商行」，待他們到上水「趁墟」才領取；在海外工作的打鼓嶺鄉親需要匯錢回家，卻不信任銀行的匯款服務，他們會選擇把金錢寄到信譽良好的店舖，暫存在其地下夾萬，並須支付一個定額服務費或金額的千分之五作佣金。

打鼓嶺市集

當年由於交通不便，打鼓嶺居民除了在墟期會到石湖墟、聯和墟等進行買賣，大部份時間都留在本區活動。他們的日常所需主要購自區內的打鼓嶺市集。據 1968 年的報章報導，當時鄉內原有兩個小市集，位於打鼓嶺菜站及坪輋，分別在打鼓嶺偏北及偏南地區的路邊兩旁，由村民自發而成。

市集包括各式各樣的的商舖和攤檔，例如雜貨檔、豬肉檔、魚檔、粥檔、茶樓，及售賣奶茶咖啡麵包等的士多，還有售賣農藥、肥料的商舖。市集在 1970 年代頗為興旺，但隨著打鼓嶺居民移居外國或搬到市區，日漸式微。

除了打鼓嶺居民，持耕作證到打鼓嶺務農的內地人亦是市集的主要顧客。有村民在市集開設檔口，售賣兒童服裝和布匹等。持耕作證的內地人在返回深圳前，都會大量購入五、六十匹布，當時內地物資匱乏，相信他們會用作轉售。

交通 [9]

邊境路

邊境路（或稱邊界巡邏通路）全路位於香港邊境禁區之內，大致上沿著深圳河的南岸而建，橫跨北區和元朗區，東起蓮麻坑路，途經打鼓嶺，西至米埔自然護理區。此路歷史悠久，覆蓋打鼓嶺的一段早於 1919 年由港英政府計劃，獲定例局（立法局的前身）通過撥款，沿港深邊界築建一條「巡邏路」（Patrol Path），連接打鼓嶺與上水，闊度約 4 呎，全長 3.56 哩，在 1921 年動工。當時，邊境禁區尚未設立，居民可以自由往返香港和深圳兩地。

1927 年，當局延展該路，加建打鼓嶺至蓮麻坑一段，其闊度約 6 呎，全長 3 哩，連接邊界上的各個警崗，方便警方巡邏。翌年，打鼓嶺至上水的一段「巡邏路」被擴闊。當局在 1951 年 6 月以政府憲報形式，首次在法律上界定邊境禁區，其北面界線沿香港與內地之間 35 公里長的陸地管理線伸延，以邊界圍網及邊境路作為標記。

坪輋路

坪輋路是連接新界北區沙頭角公路及打鼓嶺坪輋的道路，屬南北走向，南面由沙

頭角公路馬尾下段開始，北至蓮麻坑路終結，是打鼓嶺對外的主要交通幹道。現今的坪輋路以前只是一條泥路小徑，稱為 Watling Street，至 1960 年代才擴闊成可讓車輛通行的單程路；隨著交通日漸頻繁，該路在 1972 年被擴闊為雙程路，令區內交通得到一定程度改善。

坪輋路現貌

蓮麻坑路

蓮麻坑路西起文錦渡路，近新屋嶺村及文錦渡管制站，經坪輋路末端、香園圍管制站及蓮麻坑村口向東伸展，盡頭是沙頭角墟順興街，大致與港深邊界並行。

在二戰前，打鼓嶺交通非常落後，沒有道路貫穿整個區域，香園圍、松園下、竹園、木湖的村民都經這條蓮麻坑路前往上水及文錦渡做買賣或辦貨。蓮麻坑路曾經全路納入香港邊境禁區之內，後來於 2016 年 1 月 4 日第三階段邊境禁區解禁後，該道路由新屋嶺至白虎山一段不再屬於邊境禁區範圍。

蓮麻坑路現貌

過境口岸

羅湖管制站／口岸

羅湖口岸南接香港的羅湖管制站，北接深圳火車站廣場，足以應付每日 40 萬出入境人次，是內地和香港客流量最大的陸路邊境口岸。

隨著中英於 1898 年簽署《展拓香港界址專條》，清政府與英政府協定了香港租借地的邊境從今界限街北移至深圳河。橫跨深圳河的羅湖橋始建於 1906 年，並於 1909 年建成，連同九廣鐵路於 1910 年啟用。

1949 年 10 月 19 日，解放軍進駐寶深。1950 年 7 月 1 日，中央人民政府政務院批准羅湖口岸正式成為國家對外開放口岸，並成立羅湖邊檢站。羅湖村民憶述，羅湖管制站位於羅湖橋前，由三間毗鄰的小屋組成，分別由警察、海關及人民入境事務處（現稱入境事務處，下同）職員駐守，旅客經檢查證件後才能過境。欲往內地的市民，必須乘搭九廣鐵路前往羅湖管制站，不能使用其他交通方法。不過，持邊境禁區證者（如羅湖村的村民）可以徒步到管制站，在另一警崗出示禁區證即可過關。前入境處處長白韞六曾提及他在內地改革開放初期駐守羅湖邊檢站小屋的工作經歷，期間領導十多名下屬，見證了從羅湖來港的人流愈來愈多。

1984 年 1 月，當局在羅湖管制站的原址動工修建聯檢大樓，1986 年 6 月 14 日落成啟用。羅湖橋亦被重建及升高基座，遠離深圳河的水平面，以減少被淹浸的風險。1987 年，隨著台灣同胞回鄉探親的政策放寬，持台胞證、台胞旅行證者能經羅湖口岸到深圳。1988 年 7 月，羅湖口岸更增設台灣同胞專用通道，方便

台胞回鄉探親訪友、觀光旅遊、投資設廠和經商。同年 10 月，羅湖口岸開始實施電腦查驗回鄉證的新措施，大大縮減了過境時間。

文錦渡管制站／口岸

改革開放前，文錦渡是深圳僅有的兩個陸路口岸之一，港方口岸稱為文錦渡管制站，深圳方口岸稱為文錦渡口岸。早年，文錦渡只是內地供港鮮活商品的貿易口岸，設有閘口及更亭，截查運貨的車輛，檢查是否有走私物品或非法入境者躲藏其中。當時的管制站相對簡單，範圍內的道路均為泥路，車輛經過時沙塵滾滾，另有三間毗鄰的石屋，分別是警察、海關及人民入境事務處的辦公室，人員輪更駐守，每更僅數人當值。

為配合粵港兩地日益頻繁的交通，新的文錦渡管制站在 1981 年 6 月 25 日啟用，服務往來香港及內地的過境人士。1987 年，深圳市政府徵地 20,000 平方米，以擴建內地文錦渡口岸，新建設施包括車檢通道、口岸停車場及報關綜合服務大樓。

香園圍管制站／蓮塘口岸

香園圍管制站／蓮塘口岸為深圳與香港之間的第七個跨境陸路口岸，深方口岸稱為蓮塘口岸，港方口岸稱為香園圍管制站。它位於沙頭角與文錦渡之間，鄰近香園圍，佔地 18 公頃，在香港境內與香園圍公路連接，在深圳範圍內則與深圳東部過境高速連接，是香港首個備有人車直達設施的陸路口岸。

自實施《內地與香港關於建立更緊密經貿關係的安排》（CEPA）以及簽署「9+2」

《泛珠三角區域合作框架協議》後，香港與內地的經濟聯繫不斷加強。港深跨界交通需求持續增長，因此需要不斷完善跨界交通基建設施，以維繫長遠發展。香園圍管制站／蓮塘口岸可縮短香港與深圳東部、廣東省東部的行車時間，使跨境物流更有效運作，舒緩陸路口岸的跨境貨運交通，特別是現時因文錦渡口岸排隊過關車龍而導致的深圳市內交通擠塞。此外，香園圍管制站／蓮塘口岸亦有助跨境車輛繞過上水／粉嶺，可通過香園圍公路直達口岸，舒緩地區交通擁堵。

香園圍管制站／蓮塘口岸於 2013 年 7 月動工，2020 年 8 月 26 日啟用。鑑於 2019 冠狀病毒病疫情，此口岸啟用初期只供貨車使用，旅客和客運車輛的通關服務直至 2023 年 2 月 6 日才正式開通啟用。

香園圍管制站／蓮塘口岸現貌

公用設施

木湖抽水站 [10]

香港淡水資源一向匱乏,不但沒有天然湖泊、大河或充沛的地下水,而且香港大部份土地的地勢起伏不平,令收集及儲存雨水成為一大挑戰。為了滿足人口增長及經濟發展對用水的需求,香港自 1960 年代得到國家支持,開始從廣東省輸入淡水,以解決本地淡水資源嚴重不足的問題。事源 1963 年,香港的降雨量嚴重不足,水塘儲水量急降,迫使港府實施嚴格的制水措施;為了解決香港食水不足的問題,粵港兩地政府於 1964 年達成興建東深供水系統的共識,國務院總理周恩來親自批准有關工程。現時,香港有 70% 至 80% 的食水從廣東省的東江輸入。

港英政府隨即為供水工程興建大型抽水站、水管及隧道,把東江水分送到香港各區。木湖抽水站是香港接收東江水的第一站,亦是分配東江水至各濾水廠及水塘的起點,在東江水供應香港的過程中扮演著非常重要的角色。

初時港英政府在木湖挖掘了三個臨時性質的水井,總容量為 5,900 萬加侖,作為未引入東江水時增加供水的權宜之計。村民憶述,水井位於深圳河邊,深港邊界的鐵絲網旁;每個水井均附設油渣泵,各由輪值的技工負責,24 小時不停運作,把井水輸送至旁邊的儲水池,再供應全港各區。

1964 年,木湖加裝了水泵及 48 吋的水喉管道,連接邊境及梧桐河,作為 1965年開始供應東江水的基建設施。數年後,木湖抽水站正式落成,自此打鼓嶺區方有自來水供應。因木湖及新屋嶺村民對建立抽水站有貢獻,可以免費從街喉取

水。這些打鼓嶺的水務設施,為往後數十年本港穩定供水奠下重要基礎。木湖抽水站現今已發展為兩座泵房及 22 台抽水泵,設計泵水量為每日 390 萬立方米。

沙嶺墳場

港英政府於 1950 年刊憲,在羅湖劃出兩幅土地,分別作為沙嶺墳場及沙嶺(金塔)墳場。翌年 1 月,按政府公告,原葬於深灣、雞籠灣、赤柱、石澳、柴灣、牛池灣等墳場而需定期遷葬的墓塚,經起骨及火化後,重葬於沙嶺(金塔)墳場。沙嶺墳場後來亦殮葬無人認領的遺體,墓碑無姓名,只有編號。沙嶺墳場有列入國家級紀念名錄的抗日烈士馮芝之墓,還有 1948 年永安倉大火遇難先友公墓。

1970 年代,港英政府曾經計劃把沙嶺墳場擴建,範圍遠至面向深圳的沙嶺山山頭,與深圳僅一河之隔。因深圳方面投訴,港英政府停止擴建。

沙嶺墳場當時位於禁區範圍內,只在每年清明及重陽二祭期間指定時日開放,而且進出墳場,必須經羅湖火車站或文錦渡路。此外,拜祭者須於下午 6 時前離開,不能在禁區內攝影及燃放大串炮仗等。政府亦提醒孝子賢孫必須攜帶身份證,以便警務人員隨時查閱。若要在春秋二祭以外的時間前往墳場,掃墓人士須申請禁區紙方能通行。後來因邊境禁區範圍縮減,沙嶺墳場不再列為禁區,相關規定亦於 2016 年 1 月 4 日後取消。

沙嶺骨灰安置所及紀念花園設施工程（超級殯葬城）的爭議

特區政府早年計劃在沙嶺墳場旁邊的山頭，興建沙嶺骨灰安置所及紀念花園設施工程（民間稱之為沙嶺超級殯葬城），主要設施包括：20 萬個龕位的骨灰安置所、10 個火化爐、30 個禮堂的殯儀館、一所能容納最少 80 具遺體的停屍間等，在沙嶺墳場內提供「一條龍」殯葬服務。2013 年，立法會工務小組委員會討論並同意向財務委員會建議在新界北沙嶺興建骨灰龕及火葬場的撥款。2017 年，立法會財委會正式批准約 18.5 億港元撥款，進行土地平整和相關基礎設施工程，以備建造未來的「超級殯葬城」。

打鼓嶺區鄉事委員會及本鄉居民對有關計劃一直強烈反對，並進行一系列的行動。2019 年初，鄉事會主席、北區區議員陳月明在北區區議會大會上動議，要求政府大幅縮減骨灰安置所規模，並取消殯儀館和火化爐的設施。其後，打鼓嶺區鄉事委員會不斷在多個渠道表達訴求，以改變沙嶺的土地規劃，如收集約 2,000 封鄉民反對信並呈交予政府；向行政長官、政務司司長及多位政策局局長呈交意見函，要求檢視違背大灣區發展策略、破壞港深合作、阻礙北部都會區發展計劃、不合民意與不合時宜的沙嶺殯葬城計劃。同年 7 月，政府部門向立法會財委會申請在沙嶺墳場興建骨灰安置所約 12.4 億港元的撥款，要真正開始興建殯葬城設施。鄉事會 20 多位代表來到立法會外請願，還拜會多個政黨，向他們闡述沙嶺土地對於港深融合的重要性，最終促使政府撤回相關撥款申請。

2022 年，打鼓嶺區鄉事委員會主席陳月明當選第七屆立法會議員後，邀請政府各部門官員、社會各界人士、政策研究學者等考察新界東北，親身視察沙嶺，並呼籲他們支持推動把沙嶺地帶轉變為發展創科產業等更合適的土地用途。

2023 年 10 月 25 日，行政長官李家超宣佈，政府已重新審視在北區沙嶺興建公眾骨灰安置所的計劃，原定的兩公頃土地將改為創科及相關用途。本鄉對此表示讚揚及支持，也期望政府能實現沙嶺地帶與落馬洲河套區的創科發展的東西聯動，推動北部都會區創科產業和港深融合的進一步發展，增強香港整體發展的新動能。

新界東北堆填區 [11]

香港是一個人煙稠密的國際大都會，每天需要處置數以千公噸計的工商業及住宅廢物。目前，本港共有三個策略性堆填區，位於打鼓嶺東北部黃茅坑山的新界東北堆填區正是其一。香港政府耗資 11 億港元，從 1994 年 7 月建造，1995 年 6 月開始運作。新界東北堆填區佔地 95 公頃，容量達 3,500 萬立方米，每日可接收約 6,000 公噸廢物。

根據翻查的政府檔案，建造新界東北堆填區的計劃始於 1988 年中期，醞釀近十年才正式落成。當時，船灣堆填區是新界東北的固體廢物處置設施，但其容量預計於 1990 年之前便會耗盡。環保署因此選了坪洋以北的一片谷地作為替代，並興建一條車路（禾徑山路），連接新堆填區與沙頭角公路。該條車路大多位處禁區以外，但進入廢物收集區的一段屬禁區範圍。為了讓運送廢物的垃圾車順利進出堆填區，環保署向警方提出更改邊境禁區界線，讓該路段免受禁區限制。

相關部門考慮了保安等理由後，批准該改動，及後刊憲生效，令缸窰、東風坳及銅鑼坑部份土地脫離禁區。堆填區最初名為黃茅坑山堆填區，但為了不讓人聯想到它與任何一條村落有關，便易名為新界東北堆填區。可是，有關工程卻遇到來

自當區居民的反對。首先，某些村民因築建新路而失去農地，在土地賠償的問題上與政府爭議。此外，打鼓嶺區鄉事委員會及村代表亦擔心堆填區造成的環境衛生問題而強烈反對。最終，時任北區政務專員張建宗居中斡旋及協調，並向鄉民聲稱，政府已進行環境影響評估，並保證堆填區不會污染及不會洩漏污染物質等。為安撫居民，政府除了為坪輋路以東的村落建設了排污渠，也以興建打鼓嶺鄉村中心政府大樓作補償方案，內有社區會堂、診所、會議室等社區設施。

2013 年 8 月，政府提出擴建堆填區的想法時，該處發生了首宗污水滲漏的嚴重事故。有傳媒報導，位於堆填區附近的平原河河水疑受污染，顯得混濁並呈橙色。環保署發現，堆填區一個臨時滲濾污水儲存池的池底破裂，令污水混和雨水，流入附近的缸窰河以及下游的平原河，而附近有農戶會在河中抽取河水灌溉。環保署票控承辦商，並自此定期於網上公佈缸窰河明渠的水質監測情況。

政府預計新界東北堆填區將於 2016 至 2017 年飽和，因此在 2013 年提出擴建計劃，為本港東北部維持一個持續處理廢物的設施。擬議的擴建地點佔地約 70 公頃，主要涵蓋現時新界東北堆填區的「採泥及儲泥區」、廢物接收區，以及位於「採泥及儲泥區」西北及西南面的額外土地。擴建計劃提供額外約 1,900 萬立方米的堆填容量，以應付本港東北部最終廢物棄置服務的持續需求，其運作年期估計為 10 年。打鼓嶺區鄉事委員會對擴建計劃提出強烈反對。最終，立法會和政府還是批准了新界東北堆填區的擴建工程[12]。

註解

1　嘉道理農業輔助會推行的措施，上一輩的新界農民多有受惠，亦心懷感恩。

2　下山雞乙圓茶壺養豬及養雞場場主鄭福明訪談，2023 年 10 月 31 日。

3　「菜站」是上一輩新界農民的集體回憶，各區微有不同，但都名之為「菜站」，前面加上地區名字。

4　本區工業多為小型作坊，非現代定義的工業。隨時代變化，大都式微。

5　坪輋萬慶新、坪洋陳偉康訪談，2023 年 11 月 20 日。

6　較寮村民陳貴平訪談，2021 年 10 月 28 日。

7　同註 5。

8　聯和墟的設立，論者多矣，各有說詞，頗為不一，但確能惠及鄉民。編者曾參閱該公司的原始文獻。

9　本鄉道路建設，早年的可見 Report from Director of Public Works 1927 & Report on the New Territory 1927。

10　《香港年報》，1963 及 1964 年。

11　詳見環保署《新界堆填區》網頁。

12　打鼓嶺區鄉事委員會至今仍有強烈反對聲音。

第七章

社會文教

打鼓嶺鄉居民重視文化教育，踴躍捐款捐地，興建了多間學校。鄉內亦有多間舊式書室或私塾，充份分體現打鼓嶺村落重視育賢辦學的精神。社會服務方面，有宗教組織在區內興建福利設施，為鄉民提供服務，內容包括醫療、安老、托兒育幼等。還有耆樂會社，為區內長者提供康樂活動及各種支援。

打鼓嶺因地處邊界，清朝政府及港英政府均不重視鄉村教育，鄉內適齡學子上學不易，因此鄉紳自食其力，早年便已有建立書室的傳統，這類「卜卜齋」多由土紳出資興建，多冠以村、祖或堂名，為圍村學童啟蒙發揮了重要的作用。

1960 年代，為適應外界的變遷，鄉內的書塾由父老及海外鄉親的共同努力下成功轉型成為鄉村公立學校，如昇平公立學校、三和公立學校、嶺英公立學校、坪洋公立學校、羅湖公立學校、香園公立學校等，在推動鄉村普及教育方面，一直扮演著重要角色。因師生資源關係，學校推行了新界獨特的複式或三式教學。至 1990 年代末及 21 世紀初期，多間鄉村學校陸續被政府殺校，區內至今僅存一間小學：嶺英公立學校。

除學校外，鄉內也可見不少教會、慈善團體的身影。如明愛自 1950 年代開始便服務於打鼓嶺。明愛診所成立前，打鼓嶺一帶並無診所、醫院或托兒所服務。因此，當時的明愛診所成為了這幾種功能的綜合體，填補了舊時區內在醫療、托兒服務乃至於緊急救濟上的空缺。

隨著新界新市鎮的發展，經打鼓嶺鄉民積極向政府爭取改善區內社區設施，政府終於在 1980 年代中籌建社區設施及改善該區的交通配套，包括興建一所鄉村中心。同一時期，亦有社會福利機構於打鼓嶺提供服務，如設立明愛馮黃鳳亭安老院及坪峯護老院。

教育

傳統私塾教育

古語有言：「家有塾，黨有庠」。香港的圍村同樣繼承了這一觀念，很早便已出現了「學塾」、「書塾」，即俗稱的「卜卜齋」。這類啟蒙學校的目的，是為族中子弟提供教育，加之「書室」、「書院」這類為應考科舉而設的場所，一同組成了香港傳統教育的版圖。它們有些設於氏族的家祠內、有些在村民的家裡、租借的民房開辦，因此有部份書室位於家族的祖堂地上，亦以祖堂的名稱來命名。這些書室在設置上具有相當大的彈性，學生多學習《三字經》、《千字文》、《百家姓》。打鼓嶺鄉內有記錄的，共有 13 間專為教育子弟而建的傳統書室（有部份沒有書室名稱，是為私塾），包括早在 1889 年開辦的塘坊村永傑書室、下山雞乙義興堂書室、兩間上山雞乙書室／私塾、大埔田蔡氏家族開辦的書室、坪洋書室、李屋私塾、鳳凰湖私塾、週田村觀泰家塾、週田學校、新屋嶺宇勝堂書室、木湖德樞堂書室、香園圍桂香書室等。

・塘坊永傑書室 （1889）[1]

永傑書室乃塘坊村開基祖萬氏第二十傳萬新發於 1889 年所興建，書室之所以取名「永傑」，是為了紀念其祖父萬永傑。與其他新界私塾一樣，永傑書室的教授內容亦以儒家思想為主體。因創立之初打鼓嶺區鮮有私塾，是故鄉內各村如簡頭圍、週田、李屋、鳳凰湖等的村民子弟均會來此求學。永傑書室曾於日佔時短暫停課，戰後復課。

·上山雞乙書室 [2]

上山雞乙書室，建立年份不詳，但據村民回憶，書室約於 1928 年停辦，所以建校年份應遠早於此。當時一位林氏先祖有鑑於村內子弟欠缺教育機會，便創立書室，傳聞因學生不足而停辦，舊校址亦被拆卸，因此書室的名字如今再難追溯。後來村內適齡學童的啟蒙教育在如今的村公所進行，內容主要是教導學生尊師重道以及處世法則等，與普通「卜卜齋」略有不同。

·下山雞乙義興堂書室（1938）[3]

約於 1938 年建立。據舊生回憶，高峰期時，學生可坐滿整間課室，甚至村公所亦會被借用作課室。桌椅由學生自備，教學內容通常是通勝、千字文、尺牘等，上課時間通常由上午 9 點到下午 5 點。據說學校曾有一位外地老師，居住於深圳向西村，每次都是坐轎子來村內授課。另一位居住於粉嶺龍躍頭的鄧老師，二戰以後也曾在此任教。後因坪洋公立學校建立，漸漸取代了義興堂的地位，書室便停辦了。

下山雞乙義興堂書室校址

· 週田學校（1946）[4]

週田學校即為嶺英公立學校前身，當年不少來自附近村落的學生均會步行到週田學校上學。

1946 年，村民為了年輕一輩的教育，向教育司署提出申請得到批准後，於 1949 年正式成立週田學校，並以私立方式營辦。週田學校是由杜氏龍章祖所提供的土地改建，屬於在民居裡興辦的私塾，故並不需要支付額外租金。

週田學校屬私立性質，學生每年須繳學費二元。據舊生回憶，當時二元對於普通的圍村家庭來說相當「貴」，已經足夠「買好多米」，並非小負擔。然而，若村民實在無法支付學費，校監杜錦洪會替杜姓的學生繳付，以幫助他們繼續學業。據杜姓畢業生回憶，週田學校建校初期學生不多，他讀一年級時只有六個同學。當時有兩位老師，他們平時飲食住宿均由學校負責。校舍只有一層，隔分為兩個班房，以複式教學，一至三年級同在一班，四至六年級則在另一班。學校裡亦有廚房和睡房，供老師使用。除了週田、木湖的杜姓學生外，學校亦有來自打鼓嶺周邊村落的學生。週田學校舊址仍存於村內。

週田學校校址

1952-53 年度下學期週田學校全體師生合照，前排右四為週田學校及後來嶺英公立學校創辦人兼校監杜錦洪。

1958 年週田學校師生暨村民在遷入嶺英新校前合照

·昇平學校（1946）[5]

1946 年間，港府教育當局資助在永傑書室旁另建新校，註冊為昇平學校，校訓定為「和愛勤誠」，文樹發為校長，永傑書室校址則改為教務室。當年該校教授中文、珠算、歷史、勞作等課程。稍後因校舍殘缺，並為了招納更多失學村童，在 1961 年得到政府資助，以及鄉民不惜變賣珍貴樟樹所籌集的創校資金後，校方終於成功另建新校。全盛時期，學校上、下午班合計一度有 18 班，一年級因人數過多，還分為了甲、乙、丙、丁、戊班，六年級亦有甲、乙、丙三班，學校一度有超過七百名學生。據林姓舊生回憶，1960 年代，昇平學校學生每年繳學費約 2.5 港元，書簿費則有津貼，有時嘉道理農業合作社、教會還會來學校派發物資。

昇平學校校園環境優美，內有教室、圖書館、滑梯以及球場，側園有合作社和校工居住的小屋、停車場，還有一個佔地頗大的花園。據舊生回憶，其中不少設施都是由一群學生一同建設，所以不少舊生都對學校有十分深厚的感情。昇平學校操場面積甚大，有足球場，旁邊有禮堂一座。學校旁供老師、校工居住的宿舍，現已變為「昇平村」。後因鄉村人口不斷外遷，適齡學童減少，昇平學校在1994 年停辦。

昇平學校正門

昇平學校坐擁面積廣闊的球場，學校停辦後已成為一片荒地，過去經常作為足球、籃球比賽、暑期活動及遊藝會等的場地；左後方遠處即禮堂，因荒廢已久，已為樹木所遮擋。

1975 年昇平學校學生畢業證書

1962 年昇平學校學生證

據《嶺英公立學校——建校二十二週年暨第二十二屆畢業典禮特刊》記載，該校的前身——週田學校自成立以來，經費一直處於短缺狀態，當時學校「每學期共要籌三千元貼補不足的經費」。杜錦洪在此期間被委任為校監兼任校長，在1949 至 1957 年間，由週田村移居海外的村民所成立的「僑賢小部」以及杜錦洪籌得合共約四萬餘元的經費補貼下，學校才得以繼續營運。

週田學校曾五次向政府申請津貼，前四次均告失敗，最後一次則在 1956 年。當時新界督學周覺識介紹張樹仁到週田學校任校長，因張樹仁到任，政府最後通過了學校的津貼資助申請。

1957 年，隨著學生逐漸增加，由杜錦洪、杜南領導成立了建校委員會，當時村內為籌集經費變賣了五、六棵大樟樹，再加以週田海外村民，如「芝錦碧輪船水手部」、「士打多利輪船機房部」、「士打順達輪船機房部」的集資幫助之下，新校於 1958 年終告落成，週田學校亦由此更名為「嶺英公立學校」，有「在打鼓嶺作育英才」之意。

新成立的嶺英公立學校共收 8 班，1963 年增加成 12 班。學校服務打鼓嶺本區內村落，甚至遠至上水華山村的學生，當時因華山村並未有學校，大部份華山村的適齡學童都會到嶺英學校讀書。學校為照顧多個偏遠村落的學生，便由校方津貼學生車費，以減輕他們的負擔。早年因交通不便，學生回校需長途跋涉，學校為了照顧學生，更主動開闢了幾條山路，讓學生可以走在水泥地上：

學生有從木湖村、亦有從瓦窰村那邊行山而來，所以最主要是攀山那一條路。這

條水泥路是由學校建的，由一個校工負責。他拿了英泥，然後自己興建。那些英泥，有的從村公所，有的從學校撥款而來。

另一條路從嶺英直到山雞乙，也是由學校出資興建。

多年來，校長張樹仁也積極美化、拓展校園設施，例如標本園、花圃、果園、金魚池等。校內還有一座天文台，打鼓嶺區的氣溫便是由這裡採集的資料所提供。

千禧年代以來，校方積極兼顧跨境學童的教育需求，招收了一大批跨境生。如今學校亦逐步完成轉型，跨境學童佔了學生來源一部份。

嶺英公立學校校園舊貌、今貌對比。

昔日學生穿過山嶺上學

嶺英公立學校第六屆（1964年）畢業典禮校董暨全體師生合照，前排右八為校監杜錦洪，右九為第一任校長張樹仁。

·坪洋公立學校（1957）[6]

坪洋公立學校建於 1957 年，由坪洋陳友才、陳廣才等鄉紳帶領創立。學校佔地廣闊，全校面積約 14 萬平方呎，初設教員室一間、課室四間，後來由學校自行籌集建築費四千元及政府資助其餘費用，擴建標準課室兩間及特別課室半間。建校後師生亦合力逐步建成足球場、籃球場、草地等，足球場旁邊還有觀眾看台，以及石建的滑梯、鞦韆。初時政府計劃建校時並不包括禮堂，於是由陳氏族人於 1977 年自行集資興建而成。坪洋公立學校曾是打鼓嶺區內規模最大的學校之一，不少鄰村學童均來此上學。

1960 年代時，學校只辦有一至四年級，學生 250 餘人，教師 8 人。當時校監陳廣才有鑑於打鼓嶺區地處偏僻，學童到區外升學不易，因此向教育司署申請撥款，後得到大埔理民府批准，才開始增辦五及六年級。學校建校以來體育成績不菲，多個項目曾於「上、粉、沙、打」校際比賽中奪冠。

當時許多坪洋村民移居英國、荷蘭和比利時等國家，為了學習中文，村民仍會送下一代回坪洋公立學校讀小學。當村民從海外歸來，必會邀請其他村民、校長和老師吃飯，時任校長關錫康便會把握每一次機會向村民募捐，以推動學校添置擴充，而這些村民也都十分樂意捐獻，這對坪洋公立學校的早期發展有至關重要的影響。

1970 年代以來，航空交通往來頻繁，海外居民回港不再困難，便逐漸減少請客吃飯的習慣。1980 年代以後，選擇送下一代回村校接受早期教育的村民愈來愈少，而本村年輕一輩也選擇到市區謀發展，學校生源逐年銳減。2006 年，坪洋公立學校被停辦。

坪洋公立學校禮堂內部

坪洋公立學校第一屆畢業典禮師生合照

・三和公立學校（1957）[7]

三和公立學校創建於 1957 年，是由打鼓嶺區內三村——即新屋嶺、木湖以及瓦窰一班移居海外的村民帶領捐資，並推動當地集資合力籌建而成。

學校內有標準課室三間，開設一至六年級，分上、下午班。初時學校設備不多，據舊生回憶，師生會利用體育課的時候進行集體活動：

大家合力拿起鋤頭、剪刀，開闢那一塊由熱心村民提供給學校的荒地。我們汗流浹背……就這樣，學校擁有了一個小型足球場。

1970、80 年代以來，由於三村人口減少，加上學校位於邊界禁區內，難於招收外來學生，村內年輕一代亦選擇到外國或市區謀生，三和公立學校的收生人數大幅下降。

千禧年初，三和公立學校面臨收生嚴重不足的危機，所以只能想辦法多招收跨境學童並為他們提供特別協助，如特設專責老師每天過境接送學生。2005 年，學校因收生不足被下令「殺校」，禁止校方再招收小一新生，當時校長仍努力爭取高年級學生入讀，力圖重振學校，但最終亦逃不過「殺校」命運，2006 年學校被停辦。

1970 年三和公立學校第八屆畢業生與全體教師合照

· 香園公立學校 （1957 年）[8]

香園圍原設有一間私塾——桂香學校，位於該村桂香堂土地，據村民回憶，學校提供傳統「卜卜齋」教育。其後該村有眾多適齡學童，但因年幼，不便走讀別處學校，1958 年由時任鄉事會首長陳友才、黃伯端及村代表發起，籌建新校舍一所，並得地方人士及村民贊助，加上教育司署批出大部份款額，建校工程才完成，費用達 12,000 多元，名為香園公立學校。

該校位於香園圍村內風水林旁邊，設有一間課室、校務處、圖書室等，面積約 700 平方呎，初時開設一及二年級，有駐校老師一名，全盛期時有 20 多名學生。初期學生來源除香園圍本村人外，亦有來自附近村落的學生，課程有教授中文、寫字等。因教室內並無課桌、凳子，學生須自備桌椅上課。後因嶺英公立學校建立，學生慢慢減少，香園公立學校於 1970 年代停辦，校址現已改建為桂香堂香園圍村公所。

· 羅湖公立學校（1962）[9]

羅湖公立學校於 1962 年建立，當時張國光乃校董，張新為校監，雖屬政府資助學校，但村民亦有出力集資。學校設有小學一至六年級，有三間教室，分上、下午班，合共六班。除本村學生外，學校亦有招收來自沙嶺、得月樓乃至上水的學

羅湖公立學校正門

羅湖公立學校校舍

童。全盛時期，每班有超過 45 名學生，全校合計超過 200 名學生。

羅湖公立學校每年都會參加「上、粉、沙、打」運動會。據舊生回憶，當時這一體育盛事在鳳溪第一中學操場（1970 年代後操場改建為鳳溪第二中學校舍）及北區運動場舉辦，該校學生曾獲獎無數。打鼓嶺區內也有不少運動比賽，如乒乓球、籃球、足球比賽等，活動非常精彩，羅湖公立學校代表曾經勝出不少聯校足球比賽。

因校址地理位置靠近深圳邊境，自 1990 年起，羅湖公立學校已開始招收跨境學童，初時約有 20 人。後因種種原因引致收生不足，2005 年被政府「殺校」停辦。

幼稚園

據下山雞乙及新屋嶺村民憶述，約於 1960 至 1980 年代，有三間打鼓嶺幼稚園，在坪輋、新屋嶺一帶也有辦學團體成立幼稚園，為打鼓嶺的幼童提供教育機會。但至 1980 年代後，或由於村民人數急劇下降，這些幼稚園亦陸續停辦。

週田村曾設培英幼稚園，於 1971 年成立。據週田村杜姓村民回憶，如今的週田村村公所二樓便曾是培英幼稚園的校舍，後來因學童人數大幅減少，幼稚園約於 1980 年代停辦。

社會服務及社區設施

天主教會提供的服務 [10]

第二次世界大戰前，聖約翰救傷隊（St. John Ambulance）曾於打鼓嶺區設立醫療站。戰後政府未為此區設立醫局，故時任鄉事會主席陳友才曾向大埔理民府反映為鄉民提供醫療服務之迫切需要。直至 1960 年代，打鼓嶺區的醫療服務仍十分短缺。

打鼓嶺區不少男性均到外國謀生，因此村內很多時候只剩下婦孺。圍村的婦女不僅需要照料幼子，還須下田工作，然而她們的身體狀況卻鮮受關注。天主教香港教區（Catholic Diocese of Hong Kong）西鐸區司鐸的賴法禹神父（Rev. Fr. Ambrose Poletti）有鑑於此，邀請在灣仔律敦治醫院工作的聖高隆龐女修會（Columban Sisters）前來新界幫忙。逢星期六，修女們均從律敦治醫院來到坪輋的流動診所，為當地居民提供醫療服務，她們雖對打鼓嶺十分陌生，但亦很快便適應了附近環境。

1960 年代大概曾有四位修女常駐打鼓嶺，她們都會說廣東話。當時除了托兒服務外，她們亦經常探訪區內老人並派發物資。當時村中有一位婆婆因為每天凌晨時間落田，手部長滿凍瘡，修女為她包紮。這樣的幫助，贏得很多打鼓嶺區村民的好感，村民經常贈送農產品給修女們。

· 明愛診所（1967）

1967年，明愛診所終於開設，並被冠以「聖若瑟」之名，明愛是主要的贊助機構，負責其財政承擔。該診所規模細小，修女們差不多要 24 小時當值。診所並無駐院醫生，律敦治醫院的兩位身兼醫生的修女 Sr. M. Gabriel 和 Sr. M. Aquinas 會輪流在星期六到診所看一些較為複雜的病症，若病情嚴重，病人便會被轉送至港九的專科診所。診所在同年開設婦女之家，為十多名婦產科住院病人提供住宿，有三位修女幫助，但後來於 1969 年停止該服務。根據 1970 年的《天主教福利會年報》報告：「普通診所繼續為這遙遠而偏僻的地區提供有用的服務。年內有6,420 名病人獲得幫助」，可見聖若瑟診所對打鼓嶺區居民的重要性。

· 打鼓嶺診療所（前稱「聖若瑟兒童福利診所」）

1970 年代中，明愛聖若瑟兒童福利診所易名為「打鼓嶺診療所」，該診所仍定期有政府醫生及律敦治療養院的一名醫生到診，在其他時間若有輕症，則由修女護士照顧。在 1975 年，診所共服務了 12,600 人次，較前一年增加了 2,000 名，其中 1,158 名獲得免費服務。該診所亦為兒童及青年舉辦英文補習班，並設有社交、宗教及文化小組，又經常進行家訪，關注改善他們全面的發展。惟該診所一直錄得赤字，如 1975 至 1976 年度，收入僅有 8,950 元，但赤字為 36,026.57 元。

· 育嬰院、托兒所（1967）

天主教紓困中心同意在坪輋建立育嬰院、托兒所及職員宿舍，並成功獲坪輋萬氏村民捐贈在坪輋路旁的一幅土地，1967 年在原明愛診所的基礎上發展起來，名為「聖若瑟診所暨托兒所」（即現時的「明愛打鼓嶺幼兒學校」前身），由麥修女（Rev. Sr. Mary Philip）負責日常運作，名額 120 名。

美國經濟援助協會（Care U.S.A）、美國天主教福利會、「童膳會」、基督教青年會、公教婦女聯誼會、德國聖嬰會，均贊助金錢和物資給這間托兒所。

托兒所主要收容年齡由兩歲至六歲的兒童，也收容年齡較大的兒童，但必須已入讀小學，才可申請入所。1970 年，托兒所內有五至六個教師、一位校監，加上負責煮食的工人和四個留宿員工。學生約有 110 個幼兒，周邊婦女可以在耕作時將子女留在托兒所。1970 年代中，托兒所共收容 176 名兒童，平均每月出席人數為 120 名，共 14 名免費。當時托兒所的申請經常滿額，未能滿足區內的需要。

1986 年，因明愛診所停止服務，托兒所的運作亦受到影響。明愛為繼續打鼓嶺居民提供教育服務，將托兒所改為明愛幼兒園（現稱「明愛打鼓嶺幼兒學校」）。因此從 1980 年代末開始，明愛幼兒園正式招收三至六歲幼童就讀，活動包括運動會、自助午餐、參觀及戶外活動等。此外，還有交通展覽及歡送聚會，家長們會踴躍參加。畢業生多會到坪洋或粉嶺培靈學校繼續上學。2000 年開始，該幼稚園更提供跨境學童學前教育服務。

1970 年代的打鼓嶺明愛診所暨聖若瑟托兒所

1980 年代中，打鼓嶺有居民過萬人，區內僅有明愛診所唯一一間診所，該診所於 1986 年停止服務。原明愛診所暨托兒所址獲保留發展，成為現時的明愛打鼓嶺幼兒學校及明愛馮黃鳳亭安老院。

明愛馮黃鳳亭安老院最初名為「安坪苑」，由香港明愛開辦，1986 年 10 月開始供打鼓嶺區老人入住。安老院仍沿用明愛診所建築物，共兩層，將二樓用作安老服務，地下仍為幼兒園；此外設有家務助理服務，並在打鼓嶺鄉民爭取下成功暫時保留診所服務。只要是年齡達 60 歲或以上的女性，需要院護照顧的，可申請入住明愛安坪苑。至 1990 年代，診所服務完全停辦，安坪苑更名為明愛馮黃鳳亭安老院，此後兩層均提供安老院服務；地下幼兒園則完全搬遷往右側的校舍，並定名明愛打鼓嶺幼兒學校。

一則 1962 年的報導，可見當時打鼓嶺區的醫療服務十分短缺。

香港浸信會浸會園（1965）

浸會園是香港浸信會聯會屬下機構，約 1965 年開始為教會、學校及機構團體提供宿營服務，佔地約 50 餘萬平方呎。早於 1953 年，香港浸信會聯會少年部已經提議，設置一個少年營作郊外靈修及康樂活動之用，向政府申請許久都未有適當公地，浸聯會便自行覓購私人土地，在 1963 年斥資 30 萬元購得坪輋村一幅農地，園地有一片果樹林及草坪，而且有小山丘可登臨遠眺，風景優美。

當時擔任浸會園主任的陳賜耀牧師曾特地赴美考察學習，返港後即為浸會園增建禮堂、迎賓館、儲藏室、書報室以及衛生保健室等設施，均配有隔熱、抽氣等現代設備。至於露營設施，如營火台、操場、游泳池、籃球場、播音台、廚房以及餐廳等亦配備齊全，最高可容納 350 人使用。浸會園自開放以來，備受各教會、學校以及社會團體歡迎，可說是打鼓嶺區地標性的社區設施之一。

道教雲泉仙館（1975）

雲泉仙館位於坪輋路，創建於 1975 年，佔地約 30 萬餘平方呎，乃佛山南海西樵山雲泉仙館在香港的分支。西樵山雲泉仙館本身已是廣東著名道觀，屬純陽派，主奉純陽祖師呂洞賓。

1938 年，日軍入侵廣州，月底佛山亦告淪陷，西樵山雲泉仙館因此香火暫歇，不少雲泉弟子亦逃難至港。為使他們信仰有靠，吳禮和、陸本良、高聯均三人於上環德輔道西先設一旅港雲泉分館。香港淪陷三年期間，旅港雲泉分館為眾人施粥賑飯，救活無數民眾。戰後，他們亦一直持續施衣贈藥。

位於坪輋的這一處館址約經十餘年建設始成，內有純陽寶殿、安奉祖先之崇先堂、宣揚文化道德之圖書館、道德經碑及孔子聖像等，園內的荷花池、亭台樓閣也已成為旅遊勝地，每年約有十萬人觀光。每年秋天舉辦的菊花展覽會也是雲泉仙館一年一度的盛事。展覽從 1986 年開辦，為期一個月，館方會邀請外界專業園藝師進行花藝創作，不少年份的主題均十分新穎，如 1987 年的作品是一朵稱為「大立菊」的展品，以 2,437 多朵菊花拼接而成，頗費心思。而 1991 年則是一座高達十餘呎的財神爺，手執「減稅反通脹，協力建機場」橫幅，抒發對香港前景的美好期望。

雲泉仙館的正門入口

雲泉仙館的荷花池，每年夏季吸引不少攝影愛好者造訪。

· 打鼓嶺耆樂會社 [11]

由新屋嶺張伙泰任創社社長，徐玉蓮為主席，於 2007 年向政府註冊建立，是一間非牟利慈善團體。創立的背景是因當時念及鄉間長者年紀大、身體差，大部份人沒有受過教育，遇到困難也難以啟齒。初期因資金不足，曾面臨不少困難，後因得到許多打鼓嶺區村民和外界善心人幫助，才得以維繫並屹立至今。現時會員約 600 多人，會員無須入會費。會址向萬氏兄弟以象徵式租金租用。

會社創社以來每個月都會向鄉內長者派米、罐頭等物資，疫情期間，會社亦曾安排中醫坐診，為北區、打鼓嶺區內長者義診。為令區內長者的生活更加精彩，會社定期舉辦各種不同的活動，如粵曲表演、健身運動、識字班以及聚餐活動等。同時，會社亦會派出義工定期探訪長者，關心他們的近況，亦會為他們維修家中的設施。

· 首個鄉村圖書館（1969）

1969 年間，香港獅子會為紀念與馬尼拉獅子會結盟，捐出 6,000 元，在上山雞乙村一座兩層高的辦公樓內，設立了當時首個鄉村圖書館。館內包括一個康樂室，內置乒乓球桌及電視機，旨在令圍村的青少年能獲得更多的德育、教育、體育培養。不過在鄉村中心運作以及交通網絡發達後，鄉村圖書館的功能亦漸漸被取代。

‧ 打鼓嶺區首座康樂中心（1979）

1979 年，打鼓嶺區首座康樂中心落成，位處坪輋村村公所現址。該中心由以萬金木為會長組成的坪輋康樂中心會管理，旨在為區內青少年提供一個適當的活動場所。中心的建築費約 16 萬元，全由打鼓嶺區人士合力籌集而成。

‧ 打鼓嶺鄉村中心（1984）

打鼓嶺鄉村中心於 1984 年籌備建立，作為改善該區的生活質素及增加各項社區設施計劃的一部份。鄉村中心於 1991 年動工，是一個設立教育服務、診所、郵政局、圖書館、小型商舖等服務的綜合中心，並為長者提供社會福利。政府還預留 500 平方米的土地，擬建設酒樓、銀行及超級市場之用，此類中心是香港同類計劃實施的第一個。鄉村中心落成時，地下設社區會堂、邊界區少年警訊會所及政府普通科門診診所，一樓設一間會議室及一間活動室，二樓則設職員辦事處。

1996 年，打鼓嶺鄉村中心政府大樓後方建成坪輋商業中心（又名坪輋商場），佔地約 4,500 平方呎，建築物以鄉村式設計，樓高三層，有一部可貫穿各樓層的

1988 年報章報道，政府已完成擬備打鼓嶺鄉村中心發展計劃。

打鼓嶺鄉村中心政府大樓　　　　　坪輋護老院，至今仍可見天台上的「坪輋商場」大型招牌。

電梯。由於位置偏僻，人流稀少，商場落成不久便丟空和改作貨倉用途，約於
2000 年前已由安老院機構全面租用，即坪輋護老院。這間護老院經改建後同樣
樓高三層，現提供 166 個宿位供打鼓嶺區長者入住。直至現在，商場天台仍保留
「坪輋商場」大型招牌以作紀念。惟村民曾期望鄉村中心設有郵政局、圖書館、
食肆、超級市場、辦公室、銀行及政府部門辦事處等設施，政府至今都未兌現籌
建時的承諾。

1980 年代以後，隨著政府發展新界，打鼓嶺鄉納入北區區議會的管轄範圍，亦
漸漸增加了一些社區設施，為年幼、年長及有需要人士提供最基礎的服務。但整
體而言，打鼓嶺區居民仍需依賴政府或志願機構在粉嶺及上水市中心提供的社會
服務、教育服務與休憩等設施。

第七章　社會文教

註解

1　書室現業主口述，2021 年 10 月 28 日。

2　上山雞乙林安平等口述，2021 年 8 月 18 日。

3　下山雞乙林木倫等口述，2022 年 1 月 11 日。

4　參考嶺英公立學校《金禧紀念特刊》。

5　張伙泰等口述，2022 年 5 月 26 日、6 月 21 日及 28 日。

6　坪洋陳華富等口述，2021 年 9 月 28 日、2022 年 5 月 6 日。

7　張伙泰等口述，2023 年 7 月 25 日。

8　香園圍萬新財及萬秀平口述，2022 年 4 月 23 日。

9　羅湖張漢松等口述，2022 年 5 月 18 日。

10　天主教明愛會多年來服務本區，歷年的《香港明愛年報》及《香港天主教福利會年報》均有記載。

11　張伙泰口述，2022 年 5 月 21 日及 6 月 28 日。

第八章

古蹟名勝

打鼓嶺鄉內有眾多古物古蹟，其中不少已經獲古物諮詢委員會評級為歷史建築，它們與打鼓嶺鄉的傳統習俗、經濟、日常生活、軍事防衛、居住方式、政治與上世紀五十年代後邊境禁區成立的歷史均有密切的關係，為本區歷史進程提供重要印證。

天后古廟、義祠及公所 [1]

香港的廟宇多供奉海神,其中又以天后廟最多。打鼓嶺鄉的天后古廟位於坪輋72 號老圍村後。此廟因鄰近平原河,亦被稱為平源天后廟。據說平源天后廟原位於坪輋以南的水流坑,後由坪輋萬氏、坪洋陳氏於清乾隆二十一年(1756)合資遷建於現址。廟內現存一塊雍正五年(1727)製造的雲板(亦稱響板),應當便是原址留存過來的文物。廟旁邊建有公所,1954 至 1967 年間,打鼓嶺區鄉事委員會於公所舉行會議及辦公。天后廟現時由打鼓嶺平源天后廟理事會管理,1976 年天后廟曾經翻修。

天后古廟屬兩進三開間式設計,其中正殿供奉天后元君,神龕兩旁伴以一副對聯:「母儀堪配地,水德可參天」。右殿為福德祠,左殿則供奉金花聖母,屬香港天后廟常見的「輔神」之一,民間供奉祂以祈求生子及姻緣。中間天井位則被改為拜殿。天后古廟左右兩側分別連接公所及義祠。

天后古廟門外是一個佔地寬闊的廣場。廣場通常供天后誕時設棚演戲之用,儀式包括值理會拜神、請神、花炮會賀誕、競投福物等,並聘請戲班上演折子戲和歌星表演。天后廟門楣上刻有「天后古廟」四字,門旁木刻對聯:「水德配天,慈航普濟。母儀稱后,俎豆重光。」簷下嵌有瑞獸浮雕,刻工精湛。廟內,中門屏風上懸有坪輋村順意堂花炮會於民國六十五年乙卯(1976)十二月十九日、平源天后廟重修落成時掛上之「龍天擁護」牌匾。門旁柱上對聯:「約中有慶憑神力,境內虔誠報聖恩」;門後樑上,懸掛粉嶺區潮僑同人敬賀該廟重修開幕誌慶時掛上之「慈航鴻恩」木匾。中間左邊牆角有一銅鐘,上鑄「沐恩平源合鄉眾信弟子,虔鑄鳴鐘壹口,敬酧天后娘娘案前,永遠供奉,福有攸歸。時乾隆二十一年歲次

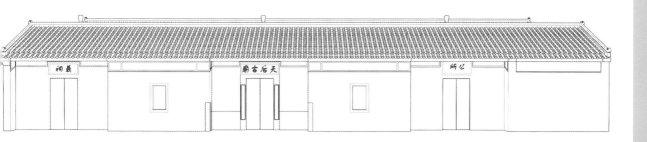

建築正面，天后廟居中，左右兩側分別為義祠及公所。

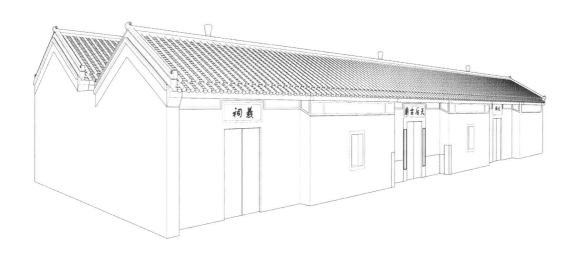

建築屬兩進三開間式建築，硬山式屋頂。

丙子（1756）季春吉旦立，萬聲爐造」字樣。此鐘背後，則懸有一雍正五年丁未歲（1727）季春吉旦全敬萬名老爐造之響板，上刻有「天后案前永遠奉酹」等字。

大多數天后廟建置於海濱，但平源天后廟距海濱及平原河不近，也許是由於當地農民對天后信奉甚篤，故選址於該處，以便鄉民前往參拜。

義祠位於天后廟右側，有一拱門將兩者相連，門前石額刻有「義祠」兩字。祠內供奉「護國總鎮諱眾友例授英雄屢考之神位」，用於紀念在與黃貝嶺衝突中犧牲的六約村民，其旁有伴聯「威武才能垂萬古，英雄志節播千秋」。神位右旁還有一銅扇，上刻「天后宮」，為光緒十九年（1893）鑄造。兩旁壁上懸掛一副對聯，「四境歡騰，恩施編及。萬民慶祝，德配無疆。」此聯為孔嶺河霸人所送。一旁另有民國四年（1915）蓮塘村橫崗廈於義祠重修時敬送之木聯，上書：「義重如山，自古英雄傳百代。祠承恢緒，從今俎豆馨千秋。」1950年代，義祠曾作書室用途。1976年該廟曾進行重修，時打鼓嶺蔬菜合作社題賀之「衛約英豪」牌匾現仍懸掛於左邊牆壁上。

照片左起依次為義祠、天后古廟和公所，廟前有寬闊的廣場。

公所則位於天后廟左側。其門上刻有「公所」二字。公所內設置桌椅用具，供開會時使用，右壁上嵌有 1976 年之「重修平源天后古廟碑記」，上刻：

本廟建於清乾隆二十一年，迄今垂二百餘載矣。神威顯赫，遐邇沾德，救困扶危，閭閻蒙庥。第以年湮代遠。雖經屢修，然亦難禦風雨之侵蝕，近且棟樑剝落，磚瓦綻缺已，有礙於觀瞻，抑難保於安全，同人等有見及此，乃組會籌款重修。蒙大埔理民府轉請本港廟宇委員會撥款襄助，並獲地方人士慷慨解囊，使重修工作得以竣事。今者：廟宇巍峨已，美輪而美奐，馨香俎豆，得奉祀而永垂。行見天后神靈，恩被四境，福蔭人間，茲為崇德報功。凡捐二百元以上者均泐以真珉籍資留念以誌不忘是為記打鼓嶺區重修平源天后古廟籌募委員會。一九七六年歲次丙辰暮春。

該碑銘為天后古廟的創建與重修年份提供了確鑿證據。至於公所本身，從建立以來便一直在打鼓嶺區的社會事務及公益方面上扮演著重要角色，是打鼓嶺一鄉的「調解場所」。天后古廟已於 2010 年 1 月 22 日被列為三級歷史建築。

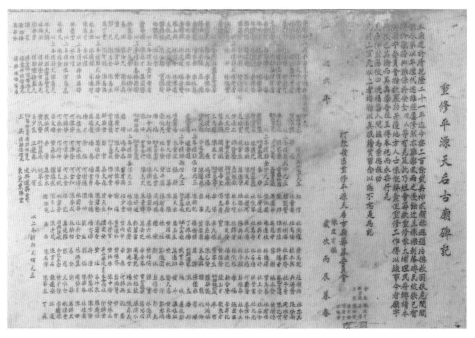

重修平源天后古廟碑記

永傑書室 [2]

位於塘坊 12 至 13 號的永傑書室乃塘坊村本地人萬氏第二十世祖萬新發在 1889 年所興建，書室取名「永傑」，是為紀念開基祖，即萬新發之祖父萬永傑。與其他新界私塾一樣，永傑書室的教授內容亦以儒家思想為主體。創立之初，打鼓嶺區鮮有私塾，所以鄉內村民均會來此求學。據萬氏村民回憶，很久以前曾有功夫師傅在這間書室正廳教授武術，村民通常在夜間練武，此時正廳天花中間掛著的燈會亮起。1946 年間，時任教育司漢文視學官尹耀聲資助於書室旁另建新校，註冊為昇平學校。至 1980 年代，因鄉村人口外遷，適齡學童減少，昇平學校亦於 1993 年停辦。

時至今日，書室已經成為萬氏後人的住所，其建築結構仍大致保留原兩進三間式及金字頂的建築特色。書室建築上仍保留有精美的浮雕及彩繪壁畫，且主題多樣，如象徵科舉「三甲」的三隻螃蟹、比喻富足的魚，及有高貴、祥瑞之意的龍等，顯示了建造者對其後人的美好期望。建築已於 2010 年 8 月 31 日被列為三級歷史建築。

永傑書室是專為教育鄉中子弟而建的書塾

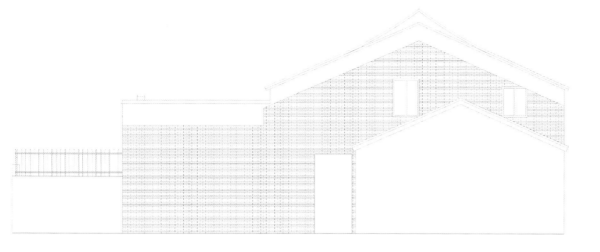

永傑書室側面

永傑書室前進屋脊灰塑

永傑書室正廳

永傑書室的正廳及天井間的鏤空窗及簷板

香園圍大宅及更樓 ³

打鼓嶺常見的村落有本地圍村和客家圍屋。村民出於抵禦盜匪的考量，紛紛在村外築建圍牆，或於圍屋附設砲樓（又稱為碉樓、更樓）。

上香園建有六座大宅，大宅分別由在巴拿馬工作的客家人萬生及萬貴芳於 1928 年出資興建。其設計參考風水佈局，門向後移數寸形成袋口狀，以達聚財之效。大宅以傳統青磚興建，屋柱則以紅磚點綴，外牆設有裝上鐵枝的窗戶，以達至防盜的目的；向外延伸的瓦頂使雨水可順簷而下，因此簷下的壁畫和浮雕如今仍然保存良好，分別繪有山水、松樹以及唐代詩人劉禹錫所作之《陋室銘》。其中松樹耐寒而經冬不凋，被視作剛正節操的象徵；山水一方面可拆解為「山為德、水為性」，一方面常用於傳達對閒情、無憂生活的追求，不難窺得大宅主人之文人意趣。此外，建築各處的灰塑保存良好，值得細細觀賞。

香園圍大宅，及後面與 4、5 號大宅連接的更樓。

至於連接大屋右側的更樓，主要是為保護村民免受土匪搶劫。香園圍的這一砲樓共有四層，樓高超過十米，除天台以磚石鋪成外，其餘各層均用木板作為分隔。砲樓狀呈方形，採用雙層青磚砌建，中間配以灰漿黏連而成實心牆體。砲樓的入口並非獨立，村民必須經大屋內的門戶才能進入。據砲樓內陳設推算，當土匪來襲時，屋主會將糧食如穀物、禽畜等儲存在地下，並在樓上居住。砲樓的每道牆上均設有狹窄槍眼，作觀察周遭環境及發射槍炮之用。天台上亦有空間可存放大量石塊及設有一小型石亭，以隨時對來犯的土匪作出反擊及作掩護之用。

從側面看更樓與連接的大宅

香園圍 4 號大宅牆頭彩繪

香園圍砲樓背面

香園圍 76 至 78 號大宅

上香園另有一座大宅位於 76 至 78 號，是另一位巴拿馬華僑萬福璋於 1930 年代初興建。大宅屬三座兩進式建築，其簷頭泥塑玲瓏浮突，栩栩如生，正門則以花崗石做門框；其外牆均設有裝上五根鐵枝的窗戶，反映屋主對防盜的關切。由於往外延伸的瓦頂設計，外牆壁畫至今仍得以保存完好。從大廳通向廂房的拱門以三花瓣形設計，屬中西合璧的風格。

香園圍 76 至 78 號大宅牆頭壁畫及灰塑

下香園亦有一座大宅，位於 101 至 102 號，大宅兩側附設有更樓兩座。根據村民資料，它的興建年期與香園圍的客家大宅相若，主要以紅磚砌建，門框及屋角則飾以花崗石，主樓的屋頂為金字頂，而更樓則為平頂，其結構與上香園 4 號有所不同，下香園這座大宅與更樓外觀上是連成一間兩層高的建築，形狀呈長方形，而兩側砲樓突出於主樓的正立面，以方便防守及攻擊敵人。故如要進入大宅兩側更樓，須經大屋內的門戶方可，即使土匪進入主樓，屋主仍可以退守更樓。更樓頂層同樣設有狹窄槍眼，作觀察周邊環境及發射槍炮之用。

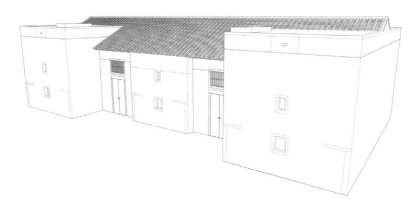

下香園大宅兼更樓，可見建築上狹窄槍眼，供發射槍炮及觀察環境之用。

下香園更樓結構與上香園不同

瓦窰更樓 4

瓦窰的更樓是一座拖樓式更樓,即碉堡式屋宇,有防禦、監視的作用。這一砲樓乃 20 世紀初由江氏家族建立,當年經常有搶掠及安全問題,因此村民決定建成這座更樓,作為防衛用途。更樓以青磚砌成,高三層,中間以木板相隔,有樓梯可拾級而上直至屋頂,地下一層有葫蘆形槍孔,四面外牆有條式槍孔,用以防止賊人入侵。更樓接近樓頂的四周有一層彩繪裝飾,上下有稍為突出的方框作為間隔,四周均設有三個條式槍孔。樓頂四周建有突出的方形部份,下方則有飾以幾何形狀的承托,四角模仿屋頂向內收,與四方向上立起的樓頂矮牆連接,村民可利用樓頂作監視及遠距離射擊驅趕賊人之用。更樓後有一座小屋與之相連,同樣由青磚砌成,內建有由青磚砌成的橫向護欄,若有賊人來犯,村民都會將耕牛、豬隻、金錢、穀物等物資放在小屋內,進入小屋並關上門,或進入更樓短暫住宿,同時防禦敵人侵犯。

瓦窰更樓外觀

葫蘆形槍孔

更樓內部

與更樓相連的兩棟江氏大宅及通道,通道入口及中間均以石牆連繫大宅及更樓,更樓後方有一道小門作為出入口。

瓦窰更樓外觀

長山古寺（廟徑古驛館） [5]

長山古寺位於坪㙟，南為長山（又名犬山），北為禾徑山，乃香港四大古剎之一。據寺內木匾額記載，該寺原名長生庵，直至1949年，一位名叫谷山潔的僧人住入空置的長山古寺，庵堂始成為寺院。另據寺內一塊現已頗為模糊的石碑記錄，現存兩進式的結構是於同治七年（1868）重建而成，其前身則建於乾隆五十四年（1789），是由打鼓嶺鄉及沙頭角鄉的六條村落：坪洋、坪㙟、禾徑山、大塘湖、萬屋邊及萊洞共同興建，後來再加上沙頭角鄉的蓮麻坑，現今由兩鄉的七條鄉村共同擁有，並成立管理委員會來管理。

長山古寺是古代留下來的驛館遺址，應與廣州之五羊驛館、大庾嶺之紅梅驛館，以及海外四夷驛館相銜接，屬南夷郵亭之一所驛館，由官吏管理，負責為郵務人員提供中途歇腳之地，並安置輻車以及幨車。廟坳對出的山徑，不僅是打鼓嶺區居民往返深圳的必經之路，也是當時北上廣州、京城趕考者唯一的通道，每天旅客來往不絕。

香港四大古剎之一長山古寺

古寺規模不大，寬約 48 呎，深約 46 呎。寺廟正門刻有「長山古寺」四個大字，門旁有一對泥塑對聯：「長亭惜別，古道瞻歧，雨笠塵襟人日日。山鳥吟春，寺花送曉，煙鏡風磬我年年。」上下聯的第一字和第五字嵌出了長山古寺四字。寺廟內部被分為四個開間，各開間大小並不相同，其中又以第三開間所佔面積最大，為寺廟正殿所在之處。

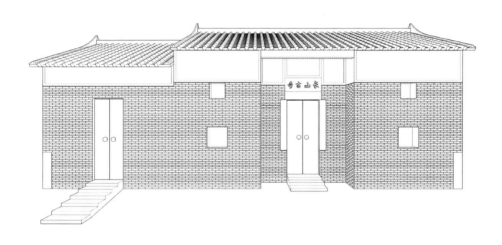

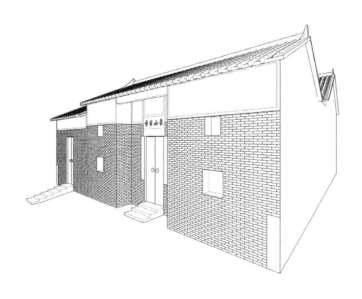

長山古寺正面及側面圖

由正門進入寺廟的第一進（前進），是一面以磚砌建的影壁，影壁後可見正廳的神龕，其內供奉韋馱菩薩。此影壁是中國傳統建築中用於遮擋視線的牆壁，主要作擋煞之用。天井後設另一階梯走上後進，因為後進比前進高一米，要走上「天階」才可正式抵達正廳。廳內供奉佛祖、觀音菩薩及地藏菩薩神位，神龕伴有一對聯：「有意燒香，何須遠朝南海。誠心禮佛，此處即是西天。」正廳左右有佛壇，現為管寺者所用。右廳上嵌有同治七年（1789）碑文一塊，文字已漫漶不清。另有銅鐘一口，上刻「沐恩各鄉眾信弟子虔具鳴鐘一口，敬酬長生庵佛主爺爺案前永遠供奉，福有攸歸，乾隆五十四年季秋吉旦立」。位於正廳右方的側廳亦有一神龕，供奉土地公公。正門及廳內神龕兩旁所懸兩副對聯，有曉喻行旅及描述古代驛使僕僕風塵之文句。寺內門廳、簷下以及拱門上方分別刻有不同寓意的灰塑圖案，如花卉、鳥類等吉祥裝飾，值得細賞。

古寺相傳曾為驛館，接待往深圳的行旅，為他們提供借宿及茶水。建築物內約八分之五都是生活空間，如廚房、廂房等，寺內的大部份臥室均位於閣樓之上，須通過階梯進入。如客人眾多時，位於第一及第二開間的客廳也可以用作住宿。古寺對面有一泉口，應是昔日法僧所使用過的水源。整體而言，古寺的建築佈局與香港常見的佛寺並不相同，反而與供奉香港傳統神祇（如天后）的廟宇更加相像，配合與傳統村屋極為相似的生活空間，可見古寺與本地居民的緊密聯繫。

總括而言，由於廟徑是通往深圳的要道，坐落於廟徑的長山古寺擁有重要的策略性和政治價值，加之古寺的興建亦可反映當地鄉約曾藉此增強他們在地方的影響力和地位。長山古寺已於 1998 年被列為香港法定古蹟。

木湖天后廟／圍門 [6]

木湖天后廟始建年份不詳，從建築內三塊僅存牌匾推測，建造時間應不晚於 1918 年，廟宇於 1932 至 1933 年再次重修（廟額所載壬申年冬）。

廟宇屬單間式兩進設計，正殿供奉天后及觀音等神像，神像為紅磚塑成，牆上懸民國七年（1918）「神恩庇祐」及民國十三年（1924）「妙手回春」兩副木匾，左右偏殿並無供奉神像。每逢農曆新年和天后誕，村民都會前來拜祭。廟宇正門簷下分別繪有「太白醉酒」及「王初平賞松石」等傳統故事之壁畫。門廳曾置有中門，今僅存門框。神龕建於正殿後方並以繪畫泥塑點綴，神像則為泥塑，正中央為天后坐像，前者為天后的「行身」，用作巡遊時之用。左右兩邊分別置兩副神像，但容貌已剝落難辨。據廟內牌匾推測，昔日廟宇應曾有一位杜姓大夫常駐，向民眾贈醫施藥，神龕旁邊的牆上掛有「妙手回春」木牌。寺廟兩側建有兩進廂房連接，從前用作尼姑庵堂及廚房，她們可以寄宿並協助打理廟宇。門屋房間曾經是商旅客房，主要用作舊日村民或長途商旅北上大陸的歇腳停留所。天后廟於 2010 年 8 月 31 日確定為三級歷史建築。

木湖天后廟正門

木湖圍門據說在 1819 年由杜氏、黃氏和任氏所建，主要作防禦用途。圍門位於圍村中軸線，門樓是一進建築，內為石鋪甬道，由磚塊及青石砌成，巷道直通至圍村末端。圍門正面置兩槍眼作防守，並設有防盜趟櫳，門後有一磚牆平台供使用者上落。樓內設有土地神壇及化寶爐，供村民祈求出入平安。圍村中軸線末端原供奉土地、關帝及觀音等護圍神位。村落也因應風水，座東北向西南。從前村民會齊聚供奉圍門伯公，亦舉行嫁娶、點燈等傳統習俗活動。圍門成為長者休憩及舉行各種傳統中國習俗，包括農曆新年參拜、年晚還神的場所。木湖圍門於 2010 年 8 月 31 日確定為三級歷史建築。

木湖天后廟的「神恩庇祐」及「妙手回春」木匾

木湖圍門及圍門內的趟櫳及甬道

週田村圍門 [7]

週田村為杜姓人士所創建。該村為排屋村，朝東北，由六排村屋組成，圍門現有一塊新掛的「杜氏週田村」金字牌匾，門樓上有對聯「週年雨順風調化生萬物，田野花明柳媚點綴三春」。圍門前有一口古井，是歷代村民主要水源之一。圍門的建造時間據村民敘述，應是在新界變為租借地之後。圍門建造的主因則是源於風水師的指點，關於此事有兩種說法：其一，是因村中發生瘟疫，後經風水師建議，村民由井口正對村尾之間打通一條龍脈通道，使村的龍脈能通過該道到井口飲用井水，通道開通後，瘟疫果然消失，該龍脈通道的最前端建築就是現今圍門的所在地；其二，是因風水師指出只要興建圍門及在村之兩側建造流水明渠，便可助該村人丁轉為興旺。

門樓內有武魁牌匾，是杜氏先祖杜桂芳在光緒十九年（1893）鄉試中式第五十八名武舉人所立。

此外，位於週田村 80 號的一間村屋亦是有價值的傳統民居，相信在 1920 年代由杜氏宗親建成。該址現已空置，是村內僅存的歷史建築物之一。

週田村圍門現貌

鳳凰湖吳氏宗祠、楊氏宗祠及易氏特色民居 ⁸

與其他常見的圍村有些不同，鳳凰湖因屬多姓村，村內並不止一座宗祠。

吳氏宗祠建於1920年代，由鳳凰湖出生的第一代吳氏後裔吳璽所建，屬客家居民。建築以青磚建成，門前掛有「延陵世澤，渤海家聲」一副對聯，為各地吳氏宗祠常用堂聯，遷居至各地的吳氏均以「延陵堂」命名祠堂，鳳凰湖吳氏則將「延陵」放入堂聯之中。

宗祠正立面採用斜向設計，應與風水有關。因祠堂是宗族的中心，每逢重要慶典如農曆新年、中秋節、重陽節及婚事，村民都會齊聚於此拜祭祖先。村內男嬰出生滿月，父母即前來祭祀。吳氏宗祠已於2010年確定為三級歷史建築。

楊氏宗祠相傳建於清道光年間（1821-1850）。鳳凰湖楊氏原籍惠州，後遷居深圳，又從深圳移居至沙頭角鎖羅盆，部份族人其後在道光年間遷居至鳳凰湖。宗祠門前掛有「宏農世澤，清白家聲」一聯，為各地楊氏宗祠常用堂聯。相傳東漢中期有一名為楊震的學者，他清正廉明，其後裔為紀念他都紛紛以「清白傳家」、

吳氏宗祠現貌

楊氏宗祠現貌

「清白家風」作為祖訓，而宏農楊氏則為當地的名門望族。宗祠為簡單的兩進一間建築，以青磚建成。

時至今日，每逢婚事和主要節日，楊氏族人都會齊聚宗祠祭祖。族人亦會在這裡舉行上神柸儀式，將年過 60 而辭世的男丁添加並安放入神主牌。1970 年代後，楊氏不再進行點燈習俗。該建築已於 2010 年確定為三級歷史建築。

鳳凰湖保留了不少古老的民宅，組成格局完整的並排村屋群，24 至 25 號的易氏民居及 35 至 37 號吳氏民居便屬此類，它們均是新界傳統村屋的典型例子。

24 至 25 號村屋相傳建於 1920 年代，已於 2022 年 9 月 8 日確定為三級歷史建築。據易氏父老回憶，這兩棟村屋是當時在美國從事洗衣店工作的祖父輩出資興建。

24 至 25 號易氏民居及其簷篷灰塑

這兩間村屋均以丁、順磚築砌的清水磚牆建造，它的特色——金字瓦頂則由木椽、木桁樑以及屋瓦築砌。

其中 24 號原為兩個單位，其後才合併為一。正門保留了花崗石門框、趟櫳、雙扇木門，以及在地上及門楣上的花崗石條，分別配以正方形和圓形槽孔。兩個單位的女兒牆和簷篷仍保留飾有花卉、水果和雀鳥等圖案的灰塑。至於內部佈局，前進設爐灶和浴室，進深是客廳，最後則是睡房及閣樓。前進蓋有水泥平頂，客廳及睡房則以金字瓦頂鋪蓋。屋頂之間的高度不一，可加設窗戶，作自然採光通風。

25 號正立面上方的水泥平頂由短牆和簷篷圍住，以花卉、水果和雀鳥等灰塑作裝飾。內部佈局與 24 號一致，前進設有爐灶與浴室，進深為客廳，最後同樣是睡房和閣樓。不過 25 號的客廳設有神龕。

鳳凰湖 35 號至 37 號村屋大約於 1920 年代建成，坐落於村落北面的第一排，屋頂均呈金字狀。此一列村屋均為一進一院式建築，建築規劃佈局亦大致相同，且皆以青磚建成。屋前有大面積空地，昔日為曬農作物的禾塘和聚會場地。該建築已於 2013 年 12 月 4 日確定為三級歷史建築。

35 至 37 號吳氏排屋

松園下何氏宗祠 [9]

松園下是打鼓嶺的一條何氏單姓村。何氏宗祠位於松園下村內廣場當眼處，被一矮牆所環繞，因風水關係，昔日須開側門才可進入宗祠前庭院。牆外嵌有 1972 年所立的碑記。建築本身屬兩進式建築，以青磚築成。門外有門聯「保一圍吉慶，佑四季平安」。何氏宗祠前有一小屋，上裝有火炮一支。近年村民重修宗祠，外觀已煥然一新。

何氏宗祠外圍以矮牆環繞

松園下橋芳家祠 [10]

橋芳家祠由松園下本地人何氏的一房於1933年為「橋芳祖」所建，是松園下原有兩間家祠之一（另一間家祠已廢圮）。家祠正門位正立面中間，門楣上刻有「橋芳家祠」四字的門額，其上裝飾以壁畫及書法，屋頂裝有船形正脊。門前掛有「橋松倚日，芳樹臨風」一副對聯。設於後廳的神龕上供奉有13個祖先牌位，每個牌位代表一代祖先，上書「盧江堂上何氏歷代祖先之神位」。

橋芳家祠屬兩進一間式建築，由青磚及夯土所建造，屋脊及山牆的牆頭均裝飾以卷草紋，寓意子孫綿長。簷下繪有以花、草以及鳥為主題的壁畫，至今保存良好。家祠門外的匾額為民國二十二年（1933）所立，證其建築年份。橋芳家祠於2010年8月31日確定為三級歷史建築。

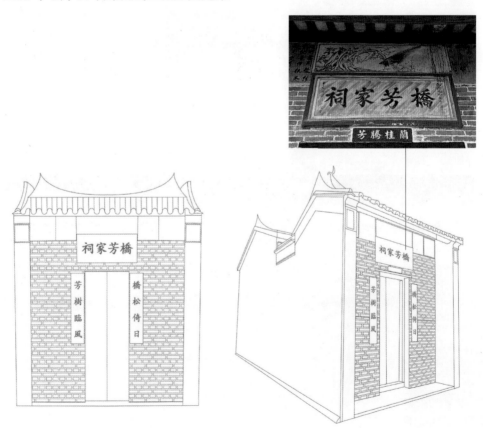

橋芳家祠正面及側面圖，屋脊及山牆的牆頭均裝飾以卷草紋，寓意子孫綿長。

松園下何氏 57、58 及 59 號大宅 [11]

松園下 57、58 及 59 號大宅，在日佔時期曾被日軍徵用，建築物下層昔日原本亦掛有用日語漢字書寫的「松園下第六番」及「松園下第七番」木牌，但現已不知所蹤，也因此歷史而被人稱為「第六番大宅」及「第七番大宅」，是日軍侵港的歷史見證。這些物業的前業主何華壽，是 1920 年代首批遠赴海外工作的村民之一。58 號大屋樓高兩層，大宅上層建有陽台。松園下 57、58、59 號大宅在 2010 年 1 月 22 日確定為三級歷史建築物。松園下 61 至 62 號民居亦為有特色的傳統民居，目前未獲評級。

松園下何氏 57、58 及 59 號大宅前有圍牆

舊羅湖鐵路橋

羅湖鐵路橋，長 32 米、闊 10 米，原位於深圳河之上，是連接香港和中國內地的唯一一座鐵路橋。據說鐵路橋的前身是一條行人木橋，建於清朝末年。《廣九鐵路借款合同》簽訂後，清光緒三十三年（1907）敲定建造羅湖鐵路橋，終於1909 年建成，並和九廣鐵路英段一同於 1910 年投入使用。有傳鐵路橋樑專家詹天佑曾擔任建橋顧問。

二次大戰期間，鐵路橋曾分別被英軍及日軍重置及拆毀。戰後，英國政府在羅湖鐵路橋原址重建了一座外形和戰前沒有多大分別的新橋，並於 1957 年完工。多年以來，這一座鋼鐵橋樑不僅在地理上連結了香港和深圳兩地，亦慢慢成為連結兩地文化、經濟交流的重要橋樑。

1980 年代的羅湖火車站及羅湖鐵路橋

2003 年 9 月，由於深圳河改善工程，重建了新的羅湖鐵路橋。舊羅湖鐵路橋被拆卸後，一部份鋼結構橋體被搬遷至梧桐河畔空地，公開展示供市民參觀。

邊境禁區設立以前，打鼓嶺和內地，尤其是深圳的居民須通過羅湖橋徒步進出粵港邊界，到深圳墟或港界的上水石湖墟等市集做買賣。舊羅湖橋見證了深圳河兩岸的歷史發展以及文化經濟交流，可說是本區的重要歷史古蹟。正因如此，雖羅湖橋未獲古物諮詢委員會評級，但特區政府仍負責維修保養已移地放置的一段舊羅湖橋橋體。

已移地放置的一段舊羅湖橋橋體

塘坊福善第 [12]

福善第位於塘坊村8至9號，是當年在牙買加工作的客家人萬容章（1881-1976）
在1921年所建，他帶同在當地出生的兒子萬遠孚（1918-2003）回到塘坊村生活，
其後建造此福善第。現今簷下的壁畫、彩塑仍保存良好。正門牆頭共有五幅壁畫，
畫有公雞、鴨、蓮花、牡丹、喜鵲等圖案，有吉祥寓意。牆頭亦有兩則題詩，右
側一首為「雪霽夢月滿仙臺，萬燭當櫃寶扇開。雙鳳雲中扶輦下，眾賢溥上駕山
來。」左側一首字跡模糊難辨，唯仍可見「偓筆」、「夢裡人」等字，兩首詩都
描繪天上美麗的仙景，並有鳳鳥瑞獸、仙臺、仙人等景象。建築物突出的兩側牆
頭由四幅圖像合成的彩塑組成，雕有花、樹木、山石、書卷（上寫「玉書」二字）、
白兔、鳳及麒麟等瑞獸，反映屋主對優悠生活與吉祥意景的追求。

福善第是客籍萬氏的民居

彩塑

坪洋陳氏宗祠 13

坪洋村內有三間具歷史價值的宗祠，分別是坪洋98號的陳氏宗祠、陳氏宗祠（陟雲祖）及陟乾祖祠。陳氏宗祠在三座祠堂中歷史最悠久，規模最為龐大。雖然它的建築年份已無從稽考，但根據口述，約在1700年代陳氏遷入坪洋後建成。每逢農曆新年和其他節慶，陳氏都會齊集宗祠一起慶祝。陳氏宗祠曾多次進行翻新工程及增建牌樓，現時未獲評級。

陳氏宗祠（陟雲祖）由坪洋陳氏為紀念陳陟雲而建，為兩進單開間式，建築年份已難以考究。陳氏族人以往會在祠內舉行點燈及婚禮等慶典，祠堂曾重修，祠內祖先神龕上「陳氏堂上始高曾祖考妣神位」懸掛一個金漆寫成的「壽」字，牆上嵌有坪洋陳氏第廿四代眾房子孫所立的十六字輩碑記及「陟雲祖祠修葺捐助芳名」碑。陳氏宗祠（陟雲祖）於2010年9月20日確定為三級歷史建築。

陳氏宗祠現貌

陳氏宗祠（陟雲祖）旁邊的陟乾祖祠乃坪洋陳氏為紀念陳陟乾而建。門額及門框以花崗石砌成，門額上有彩繪壁畫，以「五桂騰芳」、「英雄富貴」、「贈別故人」等為題，畫工精美。另有書法題以「民國廿八年」，相信此祠曾於1939年重修。祠內祖先神龕上「陳氏堂上始高曾祖考妣神位」亦與懸掛一個金漆寫成的「壽」字，牆上嵌有坪洋陳氏在1996年（乙亥年即農曆1995年十二月初六日立）刻上的十六字輩碑。陳氏族人以往會在祠堂內舉行點燈及婚禮等慶典。陟乾祖祠於2010年9月20日確定為三級歷史建築。

陳氏宗祠（陟雲祖）現貌

陟乾祖祠現貌

坪洋 138 至 139 號陳氏大宅 [14]

坪洋村 138 至 139 號的大宅，由陳氏第六代在 1913 年前建成。大宅屬單層金字瓦頂、以青磚砌成的建築，前面設有兩大門，以麻石砌成門框，屋簷裝飾以彩繪壁畫，正面牆頭有精美的灰塑。屋前則有禾坪，作為屋主曬穀之用。從前，村民會在該大宅進行各種傳統儀式，如拜祭祖先、為新生男孩點燈等，與家祠的功能相若。香港電台曾租借該址作為實景拍攝場地。2011 年 3 月 22 日確定為二級歷史建築。

坪洋 138 至 139 號陳氏大宅前有一廣闊的禾坪

打鼓嶺警署 [15]

初建於 1905 年，是守衛香港北面邊界的邊境警署之一，負責維持邊境治安。
1937 年興建至兩層高，其後於 1950 年代再加建一層。在日佔時期，大部份警署
被日軍佔據，打鼓嶺警署亦不例外。1951 年邊境禁區設立後至今，警署曾簽發
打鼓嶺區鄉民的「禁區紙」。於 2010 年 1 月 22 日確定為三級歷史建築。至今
整體結構依然保存良好，繼續服務本區鄉民。

打鼓嶺警署現仍負責邊區保安

註解

1　天后古廟等文物，今保存良好，可參觀，便知具體情況。

2　本鄉首座書室，今保存良好，可參觀，便知具體情況。

3　編委會探訪及拍攝照片日期：2023 年 7 月 25 日。

4　同上。

5　同上。

6　同上。

7　同上。

8　同上。

9　同上。

10　同上。

11　同上。

12　同上。

13　同上。

14　同上。

15　同上。

第
九
章

信仰風俗

打鼓嶺鄉的傳統文化體現在多個方面，如注重風水，保護生態環境；崇拜祖先，慎終追遠，重視春秋二祭、祠堂祖墳；嫁娶喪葬，歲時節令亦充滿傳統文化元素。尤其是在祠堂舉行祭祀儀式、拜祭祖墳等活動，比市區居民獨樹一幟。

打鼓嶺的村落，基本上是由宗族構成的一元形態，加上長期地處邊區，得以較完整地保留中華傳統習俗和文化。不論是圍頭人還是客家人，都同樣重視延續這些寶貴的人文資源，既從中獲得家族凝聚感、國家認同感，也令香港社會有機會從側面了解邊界鄉村的歷史傳統，促進中華優秀傳統文化可持續發展，及其與現代城市生活的結合。

信仰習俗

風水信仰

「風水」是中國人在居住地繁衍生息時對自然環境抱持誠敬心態的一種文化現象。昔日先民擇地建屋，必諮詢「風水先生」指點，以求家宅平安，而林木往往是影響一個地方的風水的重要因素。因此打鼓嶺一些村落背後可見一大片林木，是該村的風水林，客家村民習慣性以「背篋山」稱呼後山，圍頭人（即本地人）則稱之為「背靠山」。顧名思義，風水林是守護著一條鄉村的樹林，村民相信風水林有「藏風納水」的功用：樹林可抵禦從北面吹來的強風、防洪、防火和防止水土流失；也認為風水林是一條鄉村的地標。村民訂有鄉規民約，嚴禁亂伐樹木，以免影響村中風水格局。

本區各村均有為先人擇風水寶地修建祖墳的習俗，每個墓穴均錫以嘉名，各各不同，既表慎終追遠，亦祈求祖先庇佑，有興趣的讀者可閱覽各氏族的族譜。過程中的器物、儀式，都是表達一種尊敬和希望。

春秋二祭

本鄉多條古老村落仍舊保留祖先崇拜的習俗，並在祠堂舉行祭祀儀式。有當地居民離開了該村到外地謀生，但每年春節及春秋分祭祖等節慶時，仍會聯同已分支的兄弟返回原居地，聚首一堂，進行祭祀及慶祝等活動。

打鼓嶺各宗族，如坪洋陳氏、坪輋萬氏、李屋村李氏、新屋嶺張氏、山雞笏林氏、鳳凰湖易氏等，每年春分及秋分前後均到開基祖及各房祖先墓前拜祭，其中秋分祭祖規模較大，全族男丁大都參與。為了容納更多子孫拜祭，祖墳需要不時擴充，是以有些祖墳規模頗大。昔日設有用磚砌成的灶頭，以備村民祭祖就地「食山頭」。其實，各宗族各有不同習慣，鄉風處處異，但精神和意義卻一致。

北上尋根謁祖

本區各氏族均由內地移入。國家改革開放後，多有北上尋根謁祖的活動，形式多樣，各有不同[1]。最常見者為返回內地祖居地修墳建祠、興學、辦公益事業和捐贈物資，於內地各處貢獻良多，頗獲好評。此外，宗族聯誼活動也頗多樣化，豐富了各地文化娛樂事業。如坪洋陳氏曾持續數年舉辦較大型的北上尋根謁祖，其他宗族均有相似的活動。

婚嫁習俗

村莊裡每逢有人娶媳婦，都要到祠堂拜祭，通常媳婦回男家後也要先到祠堂拜祭。昔日新婚夫婦在祠堂行禮，宴請村民見證新人結婚。大族就會按照三書六禮、

抬花轎，通常長子結婚才會有這儀式，其他的兒子則不一定有。

以週田村為例，以前的結婚儀式場面盛大，會吃三天的飯。在結婚正日的前一天便開始吃飯，叫「開祠」，即去祠堂拜神，通知祖先，村中後裔將於明天迎娶新抱；正日辦喜事，叫作「喜酒」；之後一天叫「落祠」；而所有儀式結束後都要吃上一餐。以前有大紅花轎，迎娶的隊列包括吹嗩吶鼓手。大衿姐會揹新娘，新娘披紅紗，因尚未入門的緣故所以不准落地。1970 及 1980 年代，村落仍是以「三書六禮」的習俗來確認結婚，然而隨著政府的規定，到 1980 年代，村民要再辦一份結婚證書。

傳統嫁妝，則視乎家人財力，包括樟木櫳，內裡擺衫褲或其他首飾之類。親戚朋友也會送雞及豬肉等食物給結婚那家人。鬧新房習俗方面，先在新娘的床上放蓮子，還有鋪一種叫「油閣仔」的食物，圓形似煎堆，但比煎堆硬很多，再找一兩個男丁小孩，在那張床上面跳，叫做「帶仔」。寓意是新娘入了這個門，希望她為這家人添丁，開枝散葉。飲宴完後會有鬧新房，如吊高蘋果，要一對新人不准用手，只用口吃等遊戲。

在上山雞乙，現時仍有年長婦女可以唱出她出嫁時的「哭嫁歌」。有老人家尚能回憶起當年婚嫁的盛裝[2]。現在的新郎則多穿西裝，新娘配裙褂。

客家人村落如香園圍的村公所內，仍保存一台迎娶新娘使用過的花轎，該轎雕刻精緻，富有客家特色。

傳統風俗習慣，每逢農曆正月初九日是祠堂的點燈（開燈）日，正月十五日為完燈日。點燈日有時還需參照《通勝》書，若初九日為破日，則點燈日可改為初十日。昔日每逢農曆新年，如木湖，村民都會舉行點燈儀式，祈求祖先保佑新生嬰兒健康長大，並接納他們成為宗族的新成員。

開燈當日必須準備之物品：紅頭繩一條、煎堆一盤、上肉一條、生蔥一棵、芹菜一棵、生菜兩棵，和茨菇、芋仔、髮菜、蠔豉各少許。同時要準備香燭、白酒、酒杯、茶水和茶杯等物品。以上是用來在祠堂拜祭祖先和土地公。過去村裡有「禮生」兩人，一人負責讀祭文，另一人負責向祖先唱禮。唱禮的「禮生」負責告知祖先誰家添丁，並講出男丁的姓名和出生日期，同時也負責指示男丁家人如何向祖先敬酒和敬茶等。男丁家人在進行敬酒和敬茶的時候，祈求祖先庇護其子孫，族人丁財兩旺、國泰民安、風調雨順。

從點燈儀式完畢至完燈日止，每天上午要到祠堂上香和斟茶。祠堂點燈的走馬燈籠要全日開著，不能熄滅蠟燭或關閉電源，到完燈日再把燈籠取回家。按慣例，祠堂「禮生」會把男丁的名字和出生日期登記在族譜上。所以，凡需進行點燈的家庭必須將自家的族譜帶到祠堂，由「禮生」幫忙把男丁的名字和出生日期加入男丁家人帶來的族譜內。具體細節，各村稍有不同。

喪葬習俗 [3]

昔日遇有家人去世,多會在家中舉行「白事」。在 1970 及 1980 年代前,鄉民多不會在醫院而是在居所離世,家屬會委託村長到打鼓嶺警署,通知警署某家有鄉民離世,然後帶備死者身份證「報案」。警察前來檢查,證實該人已去世,便簽發一份文件,讓家人以此文件到政府生死登記處辦理死亡證。

家人籌備後事,包括購買棺木、聘請法師等,各有習俗,並非一致。如過身的是長者,子孫又在國外,通常會等待子孫回來後才落葬,常需多等數天,甚至更長日子。擇定日子後,便可以在家中舉行治喪儀式;年紀大、地位或輩份較高者,通常會有較多村民前來瞻仰遺容及弔唁,而家人需要坐在門口摺疊金銀衣紙,放在香爐中燃燒,為先人開路,俗稱「守夜」。

家人親屬在擇日後,便會由法師主持殮葬法事,昔日在鄉間多俗稱為「破地獄」。法師都是道士,如果家中富裕,或會請約八至十個道姑在棺木旁邊打齋、為先人誦經。親屬披麻戴孝,子孫需要準備一個埕,每人捧著五穀如米飯放入埕中,給先人帶上路陪葬,意思是給先人豐衣足食,陪葬的祭品也有壽餅、壽包等。

出殯通常由殯儀館派人負責。家人會事先找風水先生,看過要下葬的墳位坐向,出殯的時候每人會派一對白鞋,攬一條白毛巾,很多時會在送葬的沿路擺路祭,全村男女每人拿著一支稱為「孝棒」的竹,子孫要披麻戴孝,頭尾位置須撒溪錢。法師做完破地獄後,殯儀館人員和全村男性都會幫手抬棺木上山,法師則跟在隊尾。上山落葬後,家人會回家燒衣紙、拜神,拜神後就將披麻戴孝的衣服,全部拿去路祭的位置燒掉。及後家裡會煮一頓飯,通常擺四個餸,叫做「解穢酒」,

是為了解除污穢的晦氣。

在參加完白事後回家時，在家門口通常設有一個盤，裡面放有碌柚葉水，用來洗手。亦會有另一個盤，用來點燃衣紙，入屋前需要跨過，俗稱「檻火盤」，意思是「驅去不吉利的東西進入家中」。

此外有所謂「頭七」，即離世後第七日死者會回魂，法師會在那天擇某個時辰，是回魂的時間，並吩咐家人在這個時間離開住所。

二次葬[4]的風俗，各處鄉村各處例，做法各有不同，端視各村實況，並無一定法則。大體而言，是求往者安詳，子孫繁衍、吉祥如意，各人安心而已。二次葬一般做法是，落葬若干年後「起殖骨」放於金塔中；另一為客籍人士做法，古時將祖先的骨殖清理「起骨」，由長子嫡孫保存，他遷時隨之。上面的兩種做法，已隨社會改變而簡化或難再實行。

歲時節令

農曆新年

農曆新年是本地鄉民全年最重要的節日，家家戶戶在過年前都忙得不亦樂乎。過年活動的開端，是在年廿四至年廿八的酬神活動，年尾還神有感謝天神對闔家一年的照顧，並祈求來年一帆風順的寓意。

村民在年尾也會打掃本村各主要通道及本村祠堂、村公所；張貼村內各伯公的對

聯，每戶的灶君、門官土地、屏風與龍神也貼上新的對聯，祠堂也如是。村民經過一年到晚辛勞工作後，年三十回家吃團年飯。大年三十晚拜神送歲，會在屋前露天處設立祭台，奉有果品、豬肉等，並會點香和燒紙錢。子時後踏入新一年，各家各戶都會燃放炮竹，寓意「炮竹一聲除舊、桃符萬戶更新」，是為「迎新歲」。

大年初一，按習俗不會打掃，怕掃走財神，同時家中插上年花如桃花、五代同堂等。無論是客家人或圍頭人，在大年初一都吃齋而不吃葷，是為了表達尊敬祖先之意。

大年初二，村民會到祠堂拜神，向祖先敬奉三牲果品饌饌，在神龕前發燭燒香，祈求祖先庇佑。祠堂內掛上綵燈，祠堂外有舞獅助興，洋溢著一片歡樂祥和氣氛。

在祠堂拜祖先的祭品各有不同，但多包括：一隻焓熟的雞，雞口咬著一條大葱及一粒紅棗，寓意鴻運當頭；一碟豬膶及粉腸，分別代表「財源」及「子孫」。除了向祖先及正神叩拜燒香燭，也會拜祭各伯公。另外有村民會在門前設臨時祭壇拜天官。除一般賀年食品如年糕、煎堆、油角及炒米餅外，部份會製作客家糕粄，例如蘿蔔粄。

各村均按本身習慣舉行新年迎神儀式，以祈求新一年事事順景、出入平安。在沙嶺居住的潮州及東莞人，每年農曆正月初四會舉行新年迎神活動，男女老少均會參與，成年男性希望接過財神週年行大運，女性則祈求家人特別是兒女身體健康。

元宵節，村民會攜初生嬰孩到祠堂拜祭祖先並點燈，即添丁之意。黃昏過後，就
會舉行宴會，而經費就是來自村民集資的燈花會。李屋村有燈花會，每逢農曆正
月十五舉行，只容許年滿18歲的男丁參與，女性及小孩子都不能參與，參加者
需要自行帶備碗筷及椅子出席。

很多移居外地的村民回來過節時，也會特意遷就時間參與燈花會，村民在外國生
了兒子，希望回來點燈，也是在當天進行。當天是全村最多人、最適合聚會敍舊
的好日子。

部份村落如坪洋，會共敍一堂在祠堂度過元宵佳節。長輩會預備湯丸（可鹹或甜）
給兒孫吃，寓意團團圓圓。

客家人的元宵習俗，也會請來麒麟助興。部份村落過年至元宵間，會邀請麒麟隊
來到本村，向村民逐家逐戶拜年，以取「旺丁旺財，週年旺相」的意思，麒麟隊
向村民祝賀，祈求新一年和氣順景。麒麟主要由兩至三個人輪流負責舞動，小孩
負責舉旗打頭陣（約有八至十支彩旗），四至五個青年組成鑼鼓隊，一至兩人負
責燃放炮竹開路。當日上午，麒麟隊會到各祠堂拜謁祖先、神靈，然後才從村的
中心位置出發，到各家拜年，很多家庭更會預備用紅紙包的生菜，掛在門前給麒
麟「採青」。有些村落已沒有自己的麒麟隊，但仍保存了購買客家麒麟仔作為紀
念的習俗。

清明節

清明節是村民的主要節日，除了在春分後祭祀本村的始祖外，每逢此節前後，各家各戶都會預備酒、豬肉、雞、水果、香爐、紙錢等，至每戶的祖墳前拜祭。孝子賢孫會清理塵土及雜草，在墳前放置祭品和溪錢，行跪拜禮。至於拜祭的具體日期、祭品和儀式等，不同族人有自己的安排，不一而足。從宋人高菊卿的詩就可見一斑：

南北山頭多墓田，清明祭掃各紛然。

紙灰飛作白蝴蝶，淚血染成紅杜鵑。

日暮狐狸眠冢上，夜歸兒女笑燈前。

人生有酒須當醉，一滴何曾到九泉。

端午節

農曆五月初五是端午，村民有吃粽子的習俗。村民主要會做花生粽子，傳統上沒有用肉，市面較難買到。也有做鹹肉粽子，梅菜豬肉粽子則是較新穎的包粽方式，加鹹蛋黃，味道更不錯。客家人的粽體積較大，容易飽肚。以前在沙頭角、上水、聯和墟雜貨舖有「灰水」售賣，現用鹼水代替，製作「灰水粽」。

在端午前後，竹園村婆婆仍用柴火焗粽子。

農曆八月十五是中秋。各家各戶都會拜神，晚上一家人吃過團圓飯後，便會出屋外「拜月光」和賞月。

本鄉村落均有在中秋節燃放孔明燈的習俗。大多數村落是不准女性紮作及放孔明燈的。客家人相信燃放孔明燈能保佑闔村或闔家平安，惟孔明燈熄滅後降落之地則被視為不吉利，又或被其火燒著也象徵不吉。如果村中首個孔明燈能順利升空再加上燃放炮竹，會帶來好運。現時法例已禁止放孔明燈。

此外，村中的年長一輩均會在中秋節到廟宇如天后廟、關帝廟祈福拜神，求神靈保佑平安及一家身體健康。

重陽節

農曆九月初九重陽節，亦是祭祖的節日，村民習慣在秋分後祭祀本村的始祖，各家各戶都會預備酒、豬肉、雞、水果、香爐、錢紙等，至每戶的先祖墳前拜祭。孝子賢孫會清理塵土及雜草，放置供品，燒香燭行跪拜禮。各房也會到自己的祖先墓地拜祭。午後會在祠堂外食盆菜。昔日祭祖儀式後，村民會就地吃山頭，食品有鹹菜、豬肉及豆腐卜等。

各村各有特色，部份村民會煮一種黃酒，村民拜祭之前，首先由生了男丁那家人奉上黃酒、糯米飯、雞等祭品及上香，通知祖先「你又多了後人」，有開枝散葉的意思，然後才由村民一齊共同拜祭。

上完香後，由族長帶領奉香，向祖先稟告，子孫今日來拜祭，期望祖先保佑族人都身體健康、風調雨順、財丁興旺，並說些吉利的祝語或禱告，之後村民站在代表身後一起行三鞠躬禮。

冬至

俗語說「冬大過年」的冬至，本地鄉民均會到祠堂拜祖先，再到神廳及各伯公神位還神，然後再回家拜土地並在門外燒衣。年長的婦女按照習俗，於早上 7 至 8 時已挑著傳統的竹籮還神，還神的供品包括豬肉、豬腩、豆腐卜（黃、紅）、米糕及水果等，亦敬備酒菜。

伯公崇拜及自然崇拜

客家稱一般土地神為「伯公」，本地人稱之為「土地公」或「福德正神」。村口多立有土地神位，另外有井神、牛王、樹神、樟樹頭及橋頭伯公等，也有專為土地神而設的神位或護圍伯公神位。

山雞乙的「護圍社稷神位」，村代表指以前每年年尾均會來神壇還神。

天后崇拜（坪輋天后誕）[6]

天后是香港廣為人崇拜的女神，農曆三月廿三是她的誕辰，華南及台灣等地區均有祭祀天后（台灣稱為媽祖）。她最初的封號為「夫人」，元朝時提升為天妃，清康熙二十三年（1684）正式被封為天后，及後至道光十九年（1839）被封為

天上聖母。

打鼓嶺村民，包括在海外謀生的華僑均供奉天后。天后誕當天，由大會負責人恭迎天后娘娘出廟讓善信參拜，花炮會會參加抽花炮活動。昔日天后寶誕有「搶花炮」活動，「花炮」是一座紙紮神壇，以往村民會以射炮仗的方式，用火藥把花炮射到半空供人爭搶，村民搶到「一號」炮時，寓意未來一年吉祥行大運。村民憶述昔日天后誕，會舞麒麟、舞獅子、搶花炮、誦經。每次搶花炮都有人為爭搶

打鼓嶺天后誕慶祝盛況

第一「炮」而打架。1970 年代開始,「搶花炮」改為抽籤(抽花炮)代替。

除「搶花炮」外,大會會安排神功戲、粵劇、舞獅等節目賀誕。昔日,在指定時間有神功戲演出,有早場、日場及夜場之分,早場演出至中午,日場演到下午 4 時左右,夜場大概在黃昏 6、7 點演出至晚上 10 時,由一個粵劇團負責。戲棚的位置以前建於天后廟正面前方的大空地,現在規模則較小,在廟的右邊。天后的行像會從廟內搬出來到戲棚安放,有拜神儀式。正誕(農曆三月廿三)那天晚上,會開始誦經及做儀式,然後將拜過神的、有吉祥兆頭的一毫子撒出來,供善信帶回家。

1970 年代,打鼓嶺各村落參與天后誕,眾多村民組織送炮或迎炮的花炮會,使到該區萬頭攢動,熱鬧非常,各村之獅子、麒麟前往賀誕甚多,一時鼓樂喧天,備見昇平氣象。又會邀請劇團紅伶演出神功戲,一連四日五夜。

長山古寺盂蘭勝會 [7]

長山古寺的盂蘭勝會(亦稱盂蘭聖節)由打鼓嶺區的坪洋、坪輋、禾徑山,沙頭角區的蓮麻坑、大塘湖、萊洞及萬屋邊七條村落所組成的長山古寺執行委員會共同籌辦,每年農曆七月十八日舉行。

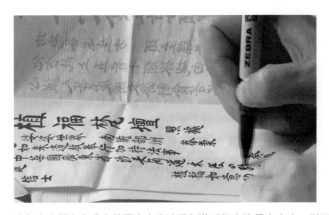

法師在文牒寫上「中華國廣東省沙頭角道禾徑山路長山古寺」以示壇址

2012年（壬辰年）的一屆，在長山古寺中舉行了設壇、誦經、超渡及施食予孤魂等法事。按傳統，法事由六位法師在古寺的正廳主持，起壇法事名叫「植福梵壇」，眾法師在文牒中寫有「廣東省沙頭角道禾徑山路長山古寺」以示建壇地址，並將文牒放入一個寫著「植福梵壇七月十八日封」的黃色信封。供桌上備有三碗白飯及九碗齋菜。

七村管理委員會值理代表在壇前誠心祭拜，將三支寫有「財源廣進、生意興隆、一本萬利」的大香奉上神前。寺外設有主禮台，筵開多席，由管理委員會值理代表致詞，歡迎七村村民及各方友好、信友來臨支持，場面熱鬧，人神共樂。

沙嶺盂蘭勝會[8]

沙嶺盂蘭勝會每年農曆七月十八日舉行，為期一天，從1967年至今，已有56年歷史。據村民表示，該地昔日是按習俗在農曆七月十四日舉行盂蘭勝會，但當日往往傾盆大雨，故求神問卜後，改為每年農曆七月十八（與長山古寺同一天）日舉行，之後大都天晴。村民感受到這是神靈所給予的指示，故此以後沙嶺盂蘭勝會均按例於農曆七月十八日舉行。

山歌

山歌之得名，並不一定是居住在山間之故，「山」字可作「野」或「俗」字解。山歌是平民大眾之聲，歌詞句式多樣，平仄分明，聲韻也多樣化。

其中一首流傳較廣的，是由鳳凰湖村楊夫人於村公所開幕時所唱：

楊夫人唱客家山歌

機會難逢我唱歌，我阿婆今年七十四；

我的山歌由心出，大家留意聽我唱歌。

我唱出太陽對月光，我唱出金雞對鳳凰；

我唱出天上嫦娥不分開，地下寶鴨不分團。

各宗族多有自己的山歌，不一而足，今多已失傳。

舞麒麟及獅子 [9]

客家人視麒麟為瑞獸，每逢大時大節，都會出動麒麟隊助興。鄉內多村均設有麒麟隊，藉此宣揚客家文化。麒麟代表吉祥富貴，帶靈氣，有辟邪作用。麒麟有北、南之分，北麒麟有兩隻角，角尖，如龍角一樣；而南麒麟則是彎曲單角。

舞麒麟需要兩人一前一後合作，其他成員則負責敲鑼打鼓，又需要紮馬步的基本功。舞麒麟的動作需要彎腰、吞吐、手耍。按傳統，每隻麒麟出外前，要進行一

些拜祭儀式，當有喜慶時，主人家會邀請麒麟隊出外表演，在出門口前，首先要拜師公、拜土地、拜麒麟堂、拜門口，一一叩拜不能遺漏，以祈求平安順利。

拜祭完後，麒麟隊便可以浩浩蕩蕩前往表演場地，沿途鑼鼓喧天，麒麟會先拜天地，之後便開始舞麒麟，由師傅打鑼鼓發施號令，在宴會或喜慶時，可以按場合展示不同的舞動方式，但一些指定的動作如「採青」會在重要的儀式出現。

舞獅子也是本鄉的風俗，今尚存；實際情況和寓意與上述的大同小異。

傳統食品

茶粿 [10]

打鼓嶺村落每年清明節都會製作傳統食品「清明仔」（即雞屎藤茶粿，一種味道可口的點心），同時每家每戶的門上，會砍兩根桃枝和新鮮的蒜苗，黏上「清明仔」掛在門的兩邊，寓意趨吉避凶。

「清明仔」材料包括雞屎藤（一種草本植物）、花生、五香粉、糯米粉、少許糖、少許鹽。首先切碎雞屎藤葉，然後放少許糖加水煮，煮好便混入糯米粉攪勻；炒花生後將其壓碎，加入碎蔥烹煮，煮好後混入已攪成糊狀的糯米粉，掐成一個個

為款待訪客特製的茶粿

小圓球，最後放在蕉葉（或杏葉）上蒸熟。客家人和本地人均有此食物，製作方法大同小異。

做粗葉茶粿時，村民會上山採集一種叫清明葉的樹葉，有人喜歡加花生米、糖或鹽一起吃。兩種茶粿均可供神或自用，是傳統食品。現在一些年長的婦女仍會製作應節茶粿，更有村民製作較精緻的茶粿招呼客人。本地人尚有多種製作方法。

清明節鹹茶 [11]

清明節前後三天，村民會上山採摘山草藥製作「鹹茶」（又叫清明茶）。古代鄉村缺醫少藥，家家都用「鹹茶」來預防和治療各種疾病，一般傷風感冒、頭暈、頭痛、身熱、屙嘔肚痛、咳嗽痰多、喉嚨腫痛、無名腫痛、消化不良等疾病都靠「鹹茶」來治療。

也有村民上山採集稱爲「百草」（即很多種草藥的意思）的草藥，他們相信用百草所做成的鹹茶有治病功用，而清明節時採集回來的百草是最好的。昔日村民求醫不易，山草藥則有清熱、解毒、去濕、利尿、散發風寒、發汗疏表、消炎、退燒、止痛、止咳、抗病毒等療效。

盆菜

盆菜的起源 [12]，流傳最廣的說法，是在中國南宋末年，宋帝趙昺與陸秀夫、張世傑等人為躲避元軍，南逃至東莞烏紗及今香港新界的圍村，然而窮鄉僻壤無佳食，村民將僅有的食物加熱，層層疊疊放在木盆內獻給皇帝，飢寒交迫的宋帝覺

得這是天下最美味的佳餚。另一個說法是當時遭元兵追殺的文天祥，逃至靠海的廣東寶安縣，當地村民將家中的食物拿給他，宋兵把菜煮熟，卻沒食具，村民建議用大盆裝，宋兵就圍盆而食，盆菜因而誕生。

新界本地圍村傳統，會在春節、冬至、宗族祭祀、打醮、婚嫁、添丁「點燈」、祠堂開光等場合，烹煮盆菜以饗族人，稱為「食盆」，族人圍坐而食，象徵團結和諧。盆菜是新界本地宗族鄉村傳承了數百年，保留至今的一項獨特飲食文化，不但起著維繫族群的作用，而且具有確認宗族成員身份的社會功能。

盆菜是打鼓嶺鄉各村落都傳承的飲食文化，多是在喜慶時節如農曆新年、婚嫁儀式、天后誕或冬至等節日吃的。如村中有新人結婚，當日便會以盆菜宴客，有村民來幫忙安排宴會；後來也會改去酒樓飲宴，均是村中皆大歡喜的盛事。但昔日農村吃盆菜，多是放在地上，沒有用桌子的。此外，也會在一些特別節日，如酬神的大日子吃素盆菜。

炆豬肉

炆豬肉是每逢喜慶節日及祭祀時大夥人分享的菜式，以大柴火灶、大鑊煮成。配以雲耳、豆卜、鹹菜、南乳等等，能貼近一般家常煮法和口味。炆豬肉煮好後會放在大盆裡，盆子則放在地上，村民會帶著自己的碗筷和凳仔，或蹲在地上吃，這樣吃別有風味。一邊吃，一邊添，象徵富貴有餘及承傳族群的獨特文化。

大柴火灶炆豬肉

註解

1　可參閱各族的族譜和活動報告。

2　李屋李復光口述，2021 年 6 月 2 日；上山雞乙林安平口述，2021 年 8 月 18 日。

3　此習俗多而繁，一切都看財力及人力，不能一概而論。

4　二次葬成因形式各論者不一致，村中長者頗能道之，不詳列。

5　放孔明燈的故事，各村上一輩長者均能詳述。

6　天后誕活動今仍流行，有興趣者可通過參與或參觀作進一步認識。

7　盛會今仍在，可現場參觀。

8　同上。

9　此兩項活動今尚存，可在不同節日見之。

10　本區常見不同樣式茶粿，不一一詳列。

11　同上，鹹茶形式頗為多樣化。

12　盆菜的起源源遠流長，各處鄉村各處例，並不一致。

第九章　信仰風俗

第十章

海外鄉親

打鼓嶺居民刻苦耐勞，敢於在陌生的地方闖盪，開闢新的天地。眾多村民出洋打工，足跡遍及南洋、澳洲、歐美不同角落。他們在國外胼手胝足，奮力拚搏，賺錢寄回家鄉建屋。也有很多鄉民在外國落地生根，成立華僑組織，守望相助。

村民移居海外概況 [1]

打鼓嶺鄉親最早是何時離鄉別井、飄洋謀生的，並無官方記錄，但此事反映打鼓嶺往昔的民生狀況及鄉民的拚搏歷史，值得認真記述。是故本志通過憶述傳聞和文物考證的方法，記下這段歷史的一鱗半爪，也許一時並不全面，但期望喚起大家續修補記的溫情，海外鄉親的故事定必不會消失如煙。

鴉片戰爭後，清政府被迫開放海禁。自 1845 年起，在福建南部的廈門港和廣東的廣州、汕頭等港口，被構建了一個開始輸出「苦力」貿易的網絡，向秘魯的金礦及古巴的甘蔗種植園出口苦力。這些專門收買和禁閉華工的機構，在廣州名為闈船，在汕頭名為「客館」或「客棧」，在澳門名為「巴拉坑」（葡語，意指豬仔館）。在此背景下，香港開埠初期的主要洋行顛地（Dent）、渣甸（Jardine）等均開設經營苦力貿易的公司，將華工集中到香港再送出洋。

第一階段

打鼓嶺各村部份客家人或本地人，大約在清同治至光緒年間（1862-1908）出洋打工，當時他們主要赴南美洲或南洋為主，如以「賣豬仔」方式到暹羅（今泰國）、馬來亞（今馬來西亞西部）、印尼、巴拿馬、牙買加、圭亞拿等地，但亦有部份以「契約」或「賒單工」方式去美國及澳洲等地，尋求謀生賺錢的機會。再稍後，有村民與外國船公司簽訂契約，船票款由招工代理人墊付，坐上外國經營的船，前往美國做苦工，包括開礦及做鐵路工人。

自 20 世紀初開始，較大的氏族如山雞笏林氏、週田杜氏、香園圍萬氏都曾出洋打工。有學識者會從事如行船、會計甚或經商等工作；如沒有特別的技能，很大可能會出外當契約勞工，如到馬來亞開礦或到北美建鐵路。出洋征途風險難料，但打鼓嶺居民往往精明能幹，他們胼手胝足，奮力拚搏，不少村民子弟致富後在外地開設商舖、經營生意或成立公司，將營利寄回家鄉建屋。如香園圍砲樓、塘坊福善第、週田何氏大宅、松園下何氏 58 及 59 號大宅等，都是打鼓嶺鄉民出洋打工賺錢回來建成的。

1920 至 1930 年代，鄉村經濟不振，生活困難，男丁紛紛出外打工，許多打鼓嶺鄉民選擇到九龍、港島，在外國人開設的船公司擔任海員，他們有些做水手，有些在機房部工作，協助船長操作船隻。週田杜氏族人首先前往港九一帶的船館辦入職程序，在後來開設了一間「公順和」船館，專為杜氏家族的人做介紹。杜氏就職的船公司都是從事載客服務，船隻前往中國內地、日本，甚至遠至荷蘭、美國等地，而且每次船程相隔都很短，擔任海員的杜氏族人因此長時間未能回家，只能托人寄錢回香港的船館，再由船館人員寄錢回鄉。他們每次行船，往往一去半年甚至一年，故此漸漸與本鄉減少聯絡。週田村是打鼓嶺區內最多村民做海員的村落，其中杜氏祖先早於 1920 年代已開始介紹族人行船，海員是當時杜氏除在鄉村耕田外最多人選擇的行業。雖然出海要冒海難風險，但 1970 年代海員的月薪，相比留在鄉村種田來說已相當可觀。因海員職業背景關係，後來不少村民選擇留在外國謀生。

戰後，新界大多數鄉民從事耕田，供多於求，加上外來農產品輸入，農作物價格下跌，農民難以為生，如遇上天雨或乾旱，農作物失收，對他們打擊更大。這些因素都增加了村民向海外謀求發展的動力。從 1950 年代末期開始至 1970 年代，村民紛紛前往外國謀生，方法是通過行船。他們會先考取資歷，在船上做海員，從事機械操作；當船到達外埠，如荷蘭、英國、美國等，他們便會找機會在港口上岸，放棄船公司職務，直接在外國謀求發展，尋找餐館工作或經營外賣店生意。部份村民因已有家人在外國扎根發展，只要經海外家人向香港移民局申請護照及勞工紙，村民即可購買船票，直接前往歐洲或美國。自 1970 年代開始，村民會乘坐飛機前往外埠。

自 1990 年代後期開始，不少戰後第一代移居外國的村民已達退休年齡，思鄉情切，選擇回到打鼓嶺的新建村屋居住。也有不少村民在海外落地生根，如英國、愛爾蘭、荷蘭、比利時、美國等國家，發展至第二、三代。新一代基本上都是在外國出生，經已取得外國護照，入籍定居，並在當地扎根工作及結婚，所生後代有的是混血兒，只在探親或特別節日才會回來打鼓嶺居住一段時間。

1980 年代後，隨著新界農村土地轉變用途，能帶來比較豐厚的經濟效益，已不見大規模的海外謀生遷移。

村民移居地區及國家概況

南洋及澳洲

19 世紀中期以後，由於「賣豬仔」及「賒單工」盛行，打鼓嶺鄉民像新界其他地方的居民一樣，前去港島的洋行顛地、渣甸等開設的苦力貿易公司，從香港港口出洋，前往南洋如暹羅（今泰國）、菲律賓、馬尼拉（當時屬西班牙殖民地，至 1898 年始改由美國統治）及澳洲等地打工，多數從事種植園耕作、洋服裁縫，或在新金山（澳洲）做開礦、建築鐵路等苦工。其中暹羅因為自 19 世紀開始常與鄰近各國戰爭，人口不過 450 萬人，需大量華人從事種植以外的勞動和服務，如開採錫礦、發展蒸氣碾米廠和電力鋸木廠、建造曼谷港口的駁船和船塢、建築運河與鐵路等。結果暹羅人口亦從 1850 年的 500 多萬，上升至 1917 年的 900 多萬人。

此外，當年被英國殖民的澳洲需要中國勞工，新南威爾士和維多利亞省於 1851 年相繼發現金礦，珠三角地區的中國移民在「賒單客運」制度下，紛紛進入礦區。估計當時維多利亞殖民境內已有至少 42,000 名中國人。

打鼓嶺鄉民在南洋做苦工後，有部份人士累積到一筆錢，會在當地如暹羅、澳洲等經營生意，開設餐館、雜貨舖，或投資建廠，有部份定居當地及繁衍後代，沒有再回鄉。泰國華僑的祖籍有潮州、海南、廣肇、福建、江浙、台灣、雲南等，他們大致按行業、籍貫或族群成立商會、同鄉會及宗親會。打鼓嶺客籍人士如禾徑山傅勝發[3]可能曾經與當地的客家會館聯絡，作為海外華僑互相支援的根據地。

打鼓嶺村落中，鳳凰湖易氏（本地人）、香園圍萬氏（客家人）及老鼠嶺何氏（客家人）都有族人於 20 世紀初期前往美國或巴拿馬謀生，賺到「第一桶金」後寄回村中，建成雕飾精緻的青磚屋及客家大宅。如巴拿馬華僑萬生、萬貴芳於 1920 年代興建的香園圍大宅連砲樓，萬福璋從巴拿馬回鄉後在 1930 年代初建成香園圍的另一排三間客家屋；1920 年代松園下何氏興建何氏大宅；僑居美國的易氏在鳳凰湖也建起大宅。

在 1950 至 1960 年代，週田村杜氏有很多村民任海員（俗稱「行船」）。村民杜南跟隨其父輩行船，晉遷至機房部的總管，可以說是行頭中的「Number One」，很多同村兄弟經他介紹入行做海員，部份人士趁機前往歐洲國家或美國。眾多杜氏成員飄洋過海，歷盡艱辛，但都記掛鄉土，用不同的方法回饋，支援家鄉建設。

這些海員在美洲各埠落地生根後，為了與鄉里聯誼，創立會館組織或公所，除了在金錢或物質上支持新來發展的鄉里外，亦會為原鄉的建設捐款，如位於週田村的週田學校。嶺英公立學校的創建便是一例，大量杜氏子弟父老參與其中。

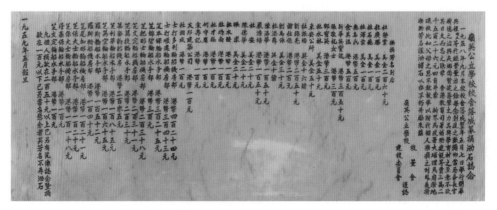

《嶺英公立學校校舍落成募捐泐石誌念》碑文記錄了很多 1950 年代的輪船公司機房部及水手部的機構捐款，捐款人包括旅居海外華僑及「東安公所」。

除了在海外行船外，經營餐館也是早期移居者普遍的職業。20 世紀初，來自禾徑山的傅茂英便是第一個在美洲圭亞那開餐館的華人。

此外，1910 年代美國興建鐵路，需要大量勞工，對美國西部開發大有貢獻，如下山雞乙村民林伙壽等，鄉民到外國打工的例子十分普遍；上山雞乙村林昌盛年輕時捨去該村書室的教書職業，1920 年代通過「賣豬仔」前往美國舊金山，礦場經理因他外形斯文，又懂算術，得到賞識，即聘他擔任會計，後來他攜帶資金回鄉，出資建成當時村裡的五間房屋。

鳳凰湖有易林滿、成林兄弟於 19 世紀末至 20 世紀初前往美國謀生。他們是三級歷史建築第 24、25 號青磚屋業主的祖父輩，19 世紀末在美國從事洗衣店工作，村屋是他們匯款興建的。24 號屋建成於 1920 年代。

坪輋老圍萬維錦的父親於 19 世紀末透過當海員行船，乘船數月抵達美國後，上岸在當地餐館擔任廚房工作，後來把儲蓄到的工資寄回老圍，建起兩間雕樑畫棟的青磚大宅。年久失修，今已倒塌。

新屋嶺張氏也有村民於 20 世紀前往美國謀生，其中一家人是新屋嶺村中一連兩間最大青磚屋的業主，位於第五巷四、五號。

新屋嶺最大的青磚瓦頂屋主人早年前往美國謀生，據說右邊露台前方有槍孔，作防衛之用。

歐洲

·英國、荷蘭

打鼓嶺鄉很多村民都選擇前往英國或荷蘭謀生發展,所以當地有很多打鼓嶺原居民及其後代。1960 至 1970 年代是打鼓嶺鄉民的移居高潮,起初男丁先赴外國謀生,繼而申請家人前來團聚。有部份人則早期先透過加入船公司做海員,在行船的過程中在英國或荷蘭上岸,然後在當地謀生。

早期打鼓嶺鄉民多在尖沙咀海運碼頭上船,先到法國或荷蘭,再乘火車轉乘另一航班,前往英國南部倫敦或西北部利物浦;有的則直接在英國港口上岸,然後分佈在倫敦市郊、利物浦、曼徹斯特及列斯市(Leeds City)落腳。

1970 年代,打鼓嶺鄉民也會選擇在啟德機場乘搭航班,前往荷蘭、英國等地。鄉民多會在到達之前先委託熟人申請「勞工紙」(批准可在當地工作的證明),也有小部份鄉民在抵達當地後才辦理,即可在該國家打工謀生。有部份職業,如當司機則需要額外報考及申請牌照方可就職。打鼓嶺鄉民多數在洗衣店或餐館工作,如大埔田村民蔡浩光就是在英國洗衣店熨衫,後來在餐館打工,有一定積蓄後開始經營生意。

亦有村民希望通過出洋英國讀書,尋求發展或有所成就。如鳳凰湖村民易渭東於1975 年前往英國繼續學業,修讀預科課程,及後成功考進倫敦大學修讀數學學士,大學畢業後更在布魯內爾大學(Brunel University)繼續攻讀碩士課程,主修數值分析(Numerical Analysis);他在整個求學階段都是以半工半讀形式,日間上學,晚上及假期在中國餐館或外賣店任職,刻苦工作賺取學費和生活費;

他完成碩士課程後便回港任職中學教師，作育英才。

又如坪輋居民戴國良於 1950 年代出生，1973 年隻身前往荷蘭謀生，二十多歲時，在當地開設中餐館，售賣中式飯菜，餐館名為「榮華飯店」，當地荷蘭人及華僑都會光顧這間飯店。

· 比利時、法國、德國等國
在 1950 年代前往英國工作的村民，為尋找更多謀生發展機會，有的前往荷蘭，及後亦有村民前往比利時、法國、德國等地。

下山雞乙的林安平於 1950 年代出生，1979 年左右到比利時荷文區生活，一邊在西餐館工作，一邊讀書。林安平憶述，當時比利時通常都會容許移民在當地上學，有法文、荷文課程供選讀，並簽發學生簽證，以一年至三年不等，申請讀書後批出工作證件的機會頗高。當時餐飲業很蓬勃，只靠從事這個行業，收入也足以餬口。

尚有不少本鄉的村民到荷蘭和比利時發展，在各國大小城鎮經營中餐館，或樓上經營民宿，提供幾間住房，出租給來自英國、法國、意大利和日本的鄉親或旅客居住。週田村民杜樹海在 1969 年乘搭飛機先到荷蘭落腳，謀生九年，取得荷蘭籍後，1978 年前往比利時經營中餐館，退休後返回家鄉定居，但後裔則留在當地發展。

· 愛爾蘭
在荷蘭經營生意的要求比英國及愛爾蘭高，難以聘請人才擴展企業，在愛爾蘭開餐館則只需領取基本的酒牌，所以不少打鼓嶺華僑決定前往愛爾蘭開設餐館。

如坪輋居民戴國良 1983 年選擇了在愛爾蘭首都都柏林開設一間大型新店「蓮花樓」（Lotus Chinese Restaurant），餐館以推銷高檔中式食品為主，包括中式點心、龍蝦等菜式，花了很多心力聘請廚藝精良的廚師，以提高食物質素，成功吸引了當地人及華人光顧。至 1990 年代，已擁有七間分店，分佈於愛爾蘭各城鎮。2000 年代後，來自中國內地的移民紛紛在愛爾蘭開設餐館及外賣店（take-away），競爭非常激烈，蓮花樓如今只剩下卡洛鎮一間餐館繼續經營。

早期海外謀生原居民的婚姻和家庭

早期前往海外謀生的原居民年紀尚輕，大多都是在當地打工幾年後，因本村親戚或朋友介紹，與新界北部附近村落的女性結婚，但也有小部份與市區的女性結婚。他們在海外收到父母寄來的信後，便立即動身返鄉完成婚事，然後再回到海外繼續謀生。經濟條件較好的村民會帶著新婚妻子一起前往外國，而多數人則會將妻子留在本村，讓妻子成為家庭支柱，除平時要辛苦耕作外，還要養大兒女，充分表現傳統農村婦女的美德。

移民後代

1980 年代，留洋謀生的打鼓嶺原居民大部份已遷至德國、荷蘭、比利時及英國等地，並已生下兒女，即形成了移居歐洲的第二代。他們都在當地出生及生活，已完全適應歐洲文化，使用英語、荷語、德語等溝通，有的長大後與外籍人士結婚，並生兒育女。戰後第二代移民的語言文化完全與第一代原居民不同，雖然他們仍有使用粵語或方言與父母或祖父母溝通，但平日更喜歡用英語或外語，久而久之，地方方言如客家話、圍頭話等逐漸生疏，更難於傳授給他們的下一代（第

三代），祖孫之間出現語言溝通困難。至 1990 年代已繁衍至第三、四代後裔，他們取得外籍，並已完全融入當地的生活。

戰後第一代原居民當中，有很多仍抱持思鄉及對祖居地文化的思念之情，故有些村民在英國、荷蘭等地工作穩定下來後，每隔幾年或一年，在傳統節日如農曆新年、清明節、重陽節時，會回鄉探親及參與村中的喜慶及拜祖先儀式。如李屋村於 1970 至 1980 年代，每年都有國外李氏村民返鄉，參與正月十五的元宵點燈儀式，在李氏宗祠和「彥斐堂」點燈，與族人一起聚餐。鳳凰湖易氏和週田杜氏的村民即使移居外國，仍很重視拜祭祖先，並於重陽節回鄉拜山祭祖。近年鳳凰湖村舉辦重陽聚餐，以取代以前的「食山頭」，每年海外鄉親都會聚首一堂，非常熱鬧。

1990 年代後期，很多移居歐洲數十年的打鼓嶺鄉民都選擇回鄉退休，有小部份人的後代也跟著回鄉或在香港定居發展。

國外鄉親社團

英國：華光社

坪洋村的陳霖生在 1961 年前往英國列斯市投資餐飲生意。他與其他華人，包括西貢的溫國勝、蔡發等人，於 1966 年在英國成立「華光社」，目的是團結當地華人，提供讓他們聯繫感情及尋求協助的場所。該社在英國不少城市均設立支部。當年有很多坪洋陳氏村民在列斯市互相照應，加入華光社。華光社設有麻雀枱，當地華僑常去打麻雀耍樂。該社亦不時播放祖國出品的電影，還會在當地華

人需要協助時（如打官司）施予援手，並幫助新來者適應生活。

另有鄉僑指，蘇格蘭愛丁堡也設有華光社這類社團，應比英格蘭更早出現，設立的目的就是服務早期到外洋謀生的新界鄉民[5]。

荷蘭／比利時／蘇格蘭：各地華僑老人會

早期在荷蘭如阿姆斯特丹、鹿特丹等大城市謀生的鄉僑成立了老人會，據說香園圍村民萬寶華就曾參與協助工作，為華僑老人提供娛樂或聯誼服務。在蘇格蘭謀生的鄉親們設立了類同的老人中心。比利時西部城鎮的鄉僑也仿效設立了一間「旅比華僑老人中心」（華僑老人會），每逢新年、中秋節會舉辦慶祝活動，如粵曲表演及派禮物等，更協助當地華僑老人包括打鼓嶺的鄉親爭取長者福利，並提供娛樂聯誼等服務。

比利時：布魯塞爾華人之家

比利時當地有華人團體贊助提供中文教育，名「布魯塞爾華人之家」，據說有些打鼓嶺海外鄉民的下一代曾去該處學習中文。比利時沒有唐人街，但當地華人會進口中國貨售賣，尤其是星期六的市集，全部都是中國貨。1985 至 1987 年期間，當地華人服裝店的衣服全由中國進口。

愛爾蘭：愛爾蘭華僑協會

愛爾蘭華僑協會（Chinese Society of Ireland）於 1986 年，由打鼓嶺坪輋的愛

爾蘭僑領戴國良和其他新界原居民成立，後來發展為有 500 多名會員。華協會的前身為「愛爾蘭華商會」。戴國良起初任副會長，2010 年開始任會長至今。戴國良獲聘為全國僑聯第九、十、十一屆委員，中央統戰部中華海外聯誼會理事。

愛爾蘭華協會會址位於都柏林杜利街（Drury Street）18 號，除了舉行愛爾蘭華僑聚會外，也發揚中國傳統文化及加強當地華人與政府的溝通。華協會亦開辦華協會中文學校（Chinese Community School Dublin），以廣東話為授課語言，接收來自中國內地或香港的移民及移民後代為學生。學校開設七個年級，為學生提供不同程度的語文教育，每周日集中授課兩小時，老師均為熱心傳播中國文化的專業人士和大學生。該會早期使用英國中文學校的教材，其後該會榮譽會長捐贈了香港學校的中文教材，用廣東話繁體字教學。千禧年後，得到中華人民共和國國務院僑務辦公室大力支持，委託暨南大學華文學院，為歐美地區周末制中文學校的華裔小學生學習中文編寫課程，由中國大使館捐贈課本。該校發展二十多年，已培育上千名學生，努力培育漢語人才，為在愛爾蘭推廣中文教育作出貢獻。

移居外地的新界人十分重視保留傳統，他們會在當地成立宗親會，並舉行各種傳統節慶活動，如農曆新年團拜及中秋節活動等。

註解

1   苦力出洋情況隨年代而變化，可參考蔣祖緣、方誌欽：《簡明廣東史》，廣州：廣東人民出版社，
    1987 年。

2   眾多回憶雖不全面，仍可見局部，以下經整合：下山雞乙林金貴口述，2021 年 8 月 25 日；週田杜錦
    貴口述，2021 年 10 月 2 日；鳳凰湖易渭東口述，2021 年 8 月 28 日；禾徑山傅雅各口述，2022 年 5
    月 5 日。

3   禾徑山傅勝發於 19 世紀末至 20 世紀初在南洋暹羅（泰國）謀生發展。

4   坪峯萬慶新等口述，2022 年 1 月 13 日；新屋嶺張伙泰口述，2022 年 5 月 26 日；李屋李怡妹口述，
    2021 年 5 月 29 日；坪洋陳霖生口述，2022 年 6 月 11 及 29 日；週田杜樹海口述，2022 年 1 月 21 日；
    坪峯戴國良口述，2022 年 10 月 18 日。

5   戴國良訪談，2023 年 10 月 15 日。

第十章　海外鄉親

第十一章 人物

萬新發 [1]（1849-1917）

萬新發，字文耀，號朝傑，塘坊永傑書室創辦人。生於清道光二十九年（1849），為坪輋十九世祖萬大福之子，清朝殷商，清咸豐年間（1850-1861）遷至塘坊村開基立業，乃塘坊村的開基祖，塘坊有四家本地人萬氏都是他的後代。

萬新發配李氏、鄧氏，生六子，相傳他事親至孝，「敬以事長，友以愛弟，和以處眾」，是性情溫和，有領導力的人。他自小隨父親萬大福於深圳墟開設商舖做買賣，據說萬大福如遇到困難都會向年少的萬新發諮詢，可見他自小已足智多謀，被譽為「商賈中之豪傑」。

萬新發二十餘歲時，父去世，他繼承父親遺留下來的產業，至十餘年後清光緒年間（1875-1908），已「富有千鐘」。他常幫助兄弟子姪成家立室，開枝散葉。

萬新發樂善好施，見有貧苦不堪或有親人要辦喪事而沒有資金的，都慷慨解囊，借貸給他們以應一時之需。也特別尊師重道，重視族人子弟的教育及應考科舉，故於塘坊村出資建成永傑書室，聘請老師教學，既供奉及尊重其祖父萬永傑，又為族中子弟提供一處地方讀書。永傑書室後來於 1941 年演變為昇平學校，1961 年再擴建及搬遷，對塘坊、坪輋乃至打鼓嶺的教育作出貢獻。

萬新發「齊家有道，訓子有方，事上無乖，寬以使下」，閒時訓勉子弟以勤儉治家，向官紳建言「士農工商，各執一藝，方無忝所生」，可見他作為一名殷商，由清朝至民國初年與廣東官紳交流，鼓吹國家應重視商人地位。1917 年 69 歲時逝世。

萬雲生 [2]（1922-1948）

萬雲生，別名雲山、容生，字遠山，出生於香園圍。年少時曾跟隨師傅習武，1944 年加入東江縱隊沙灣中隊，參與過多場抗日戰事，因武藝了得而被委任為大隊長。1944 年，沙灣中隊突襲沙頭角蓮麻坑礦山的日軍，萬雲生參與戰事。

抗戰勝利後，部份東江縱隊成員奉命從大鵬灣沙魚涌北撤至山東煙台，部份則留守轉到地下候命。國共內戰爆發後，東江縱隊戰士葉維里 [3] 聯絡蓮麻坑和附近的村落如香園圍的東江縱隊成員，組織成一支隊伍，於 1947 年 5 月正式成立「沙灣武工隊」，萬雲生 1948 年加入，擔任護鄉團二團中隊長。武工隊隊員日漸增加，被進而編為一個下轄三個中隊的連，在深圳地區參與多場與國民黨的戰事。

1948 年 8 月橫崗戰役中，萬雲生行蹤被洩露，遭國民黨部隊圍剿。據聞萬雲生當時遇敵殿後，掩護部下先行撤離。為保護一名婦女及其嬰兒，萬雲生偽裝其夫，惜嬰兒因遇陌生人而驚哭，身份被識破，萬雲生被捕遭槍決，壯烈犧牲。

萬雲生身故後，其妻女仍居內地，「文化大革命」期間因「地主身份」被批鬥，後來獲得平反並確認為「革命烈士遺屬」，其家門更懸掛有「光榮家屬」四字的牌匾。現在龍華革命烈士紀念亭內的芳名亭有楹聯：「烈士犧牲為黨為民為祖國，忠魂不朽建史建碑建豐亭」。亭中立有一石碑，上刻：「萬雲山，三十歲，新界打鼓嶺，一九四八年八月，寶安橫崗戰鬥犧牲」。萬雲生侄兒致力保育萬雲生在香園圍的故居，讓同族子弟及普羅市民了解這位民族英雄的事蹟。

陳友才 [4] （1910-1992）

陳友才，坪洋客家人，打鼓嶺區鄉事委員會首屆主席，太平紳士。陳友才曾就讀於大埔官立漢文師範學校，受訓成教師。戰前已熱心參與鄉務，數十年來致力鄉村建設，熱心發展鄉村教育，關心年輕人成長。

港府在1954年成立鄉事委員會時，他便出任首屆打鼓嶺區鄉事委員會主席，一直連任至1988年，共歷18屆。他是新界27鄉之一的鄉委會主席，自動晉身鄉議局當然執行委員／當然議員。至1968年，他更成功當選鄉議局的首副主席，連任一屆至1972年卸任；1972年1月，陳友才獲政府任命為非官守太平紳士，是打鼓嶺區的第一位，繼續擔任鄉議局的當然議員。1982年，港英政府設立區議會制度，陳友才獲委任為北區區議員。

陳友才任打鼓嶺區鄉事委員會主席逾30年，任內曾多番向理民府要求加強區內公共建設，如爭取放寬農地使用的限制，善用打鼓嶺的荒廢農地建屋和工廠；建設小市集買賣農產品及日常用品，為居民提供上水石湖墟及粉嶺聯和墟以外的選擇；加強打鼓嶺的交通，便利與鄰近地區的來往；改善區內水利及灌溉系統；爭取設立提供婦產科服務的診所；爭取在打鼓嶺區內興建中學，方便區內莘莘學子；安裝街燈等，都是方便居民生活或利及區內經濟活動的善舉。

此外，陳友才在任期內亦實行其他惠及鄉村發展的措施，如建成新的鄉事會會址，取代原設於坪輋、空間較小的舊址；動員鄉民及區內學校的學生定期清潔鄉內各處，改善衛生情況；獲華人廟宇委員會撥款支持平源天后廟重修；覓得駐港英軍喼喀兵的協助，在昇平學校建成兩個標準籃球場等。

除了打鼓嶺鄉務，陳友才亦大力推動其他鄉村教育，曾任新界不同學校及學界組織的要職。1939 年他在上水西江園（即現時馬會道上水職業訓練局附近）創立育賢學校，出任校監暨校長。1975 年離任校長，但仍擔任校監至 1992 年。

陳友才在 1950 年代至 1960 年代初，分別參與創辦打鼓嶺坪洋公立學校及昇平學校，曾任兩者的校監。他被推選為新界學界體育協進會主席，任期為 1968 至 1970 年，該會不止推動學界體育活動，更增進新界各鄉之間的情誼及作為官民間的溝通橋樑。他亦是上粉沙打四區學界體育會的名譽會長。

陳友才經常公開表明對教育事務的關注及就青少年權益發聲，曾擔任《華僑日報》發起之「救助貧童運動」的榮譽顧問，呼籲各界慷慨解囊扶助弱小兒童。

他一生貢獻鄉村及教育事務，任打鼓嶺區鄉事委員會主席時，特別重視區內青年人的品格教育。在獅子會協助下，獅子會青年康樂中心在打鼓嶺落成，附設圖書館，有利區內青年進行康樂文化及閱讀活動。

陳廣才 [5]

陳廣才，坪洋原居民，曾任坪洋村代表、打鼓嶺區鄉事委員會執行委員。身為區內有名鄉紳，陳廣才多年來對區內各項事務均做出不少貢獻，其中又以創辦坪洋公立學校新校一事最為有名。

坪洋公立學校成立時，正值適齡學童數量大增之時。坪洋本有書塾一所，但僅能收容學生約八十人，加上只能授以初級課程，當時很多學生只能遠赴粉嶺或上水的學校上學，十分不便。陳廣才眼見這種情況，與陳友才一起上書政府當局，並遞交興建新式公立學校的申請。獲教育司署接受後，陳廣才即刻組織籌募委員會，向村民籌集數千元，加上政府批核的資助，學校終於在白石嶺落成，全名「新界打鼓嶺坪洋鄉公所公立學校」，陳廣才因在此事務中的貢獻，被選為首任校監。

坪洋公立學校曾是區內規模最大的學校之一，不少鄰村學童均來此上學。學校初建時只辦有一至四年級，陳廣才有鑑於打鼓嶺區地處偏僻，學童外讀升學不易，因此向教育司署申請撥款，後得到大埔理民府批准，學校才增辦五至六年級。1970 年代時，坪洋學校學生人數一度超過 500 人，上午、下午班交替之際，數百幼童遭受日曬雨淋之苦，陳廣才有鑑於此，又組織籌建禮堂委員會，並擔任主席，向各界人士募捐，增建禮堂一間，令學習環境大為改善。此外，陳廣才也曾出任打鼓嶺重修平源天后古廟籌募委員會主席、天后誕總理。

杜錦洪 [6]（1913-1987）

杜錦洪，打鼓嶺週田村原居民，曾擔任週田村村代表，在任期間對打鼓嶺社區事務貢獻良多。

杜錦洪在打鼓嶺區內兩所著名學校——週田學校及嶺英公立學校的發展和創立上扮演著至關重要的角色。杜錦洪因緣巧合發跡後，慷慨地為村內學校、設施的運營和建立提供了不少資助。週田學校成立於 1949 年，當時學生每年要交學費兩元，對於不少家庭來說是一筆不菲的費用，杜錦洪為了讓村中家境困難的適齡學童能接受教育，曾為他們繳付學費。

週田學校是私立學校，未獲政府資助，經費長期短缺，當時學校每學期均需籌募三千港元以補貼運營經費之不足，杜錦洪迎難而上，在此期間被推任為校監兼任校長。1949 至 1957 年間，由週田村移居海外的村民所成立的「僑賢小部」以及杜錦洪合共籌得約四萬餘港元的經費補貼，學校才得以繼續營運。

杜錦洪亦為嶺英公立學校創校校監，對推動學校的成立和發展居功至偉。1950年代末，隨著週田學校學生逐漸增加，超出舊校址可負荷的範圍，學校設備亦嚴重不足，無法適應新時代需求。在這樣的背景下，由杜錦洪與杜南帶頭領導，在1958 年成立了建校委員會，籌建新校。建築學校及購買設備的費用約五萬元，

其中一半是由校監及建校委員會設法籌集。他們向本地及移居海外的村民籌集經費，獲得支持，村民不僅捐出金錢和土地，更同意將村內五棵大樟樹出售，以籌得創校資金。共同努力之下，嶺英公立學校順利落成，為這片地區作育英才。

杜錦洪任內甚關心週田村各項基礎、公共福利建設，如入村公路、村公所都是在這一時期修建。當時村民對於這類建設十分支持，在村公所籌建時，以杜錦洪為首的籌建會主席團向村民合共籌集超過 95,000 港元，一座高兩層的新型村公所終於在 1971 年落成，成為了週田村村民平日聚會、喜慶節日時的重要場所。

杜文光 [7]（1921 – 1993）

杜文光，出生於廣東，籍貫東莞，居於沙嶺竹園。曾擔任北區區議會邊境東及大鵬選區（即大約後來的沙打選區）的第一、二屆民選區議員（1982-1988）。

杜文光在沙嶺竹園經營文華沙倉及英坭磚廠，為人敦厚，樂善好施，甚得本區居民愛戴。他鑑於村民在日曬雨淋下在路邊候車之苦，故出資在多條鄉村的路邊候車處建避雨亭。

杜文光擔任區議員期間，適逢地政處要清拆在沙嶺及新屋嶺練靶場附近違建之飼養熱帶魚的魚屋，村民求助北區區議會。杜文光義不容辭，獨自出資聘請專家檢測當地養魚水井，證實當地水井抽出來之水特別適宜養殖熱帶魚，並在區議會會議上力陳利弊，獲全體議員一致認同。其後得政府各部門同意，對受清拆魚屋發給短期租約，養魚戶得以繼續為生，一時成為佳話。

陳華春 [8]（1933-2023）

陳華春，坪洋客家人，其父為首屆打鼓嶺區鄉事委員會主席陳友才。陳華春在打鼓嶺土生土長，在九龍區接受中學教育。

陳華春在 1968 年擔任打鼓嶺區鄉事委員會副主席，1970 至 1988 年則出任首副主席，1988 年任主席。在任期間，同時成為北區當然委任區議員。

陳華春不時向政府官員表達訴求，捍衛鄉村權益，包括向北區政務專員及環保署反對興建堆填區，爭取興建打鼓嶺鄉村服務中心。他要求政府擴寬坪輋路和鄉村單程路，便利村民出入及廠商進駐設廠；定時整理河道淤塞，減少水浸的影響。

陳華春在 1975 至 1997 年擔任上水育賢學校校長。

張伙泰 [9]（1949- ）

張伙泰，打鼓嶺區鄉事委員會主席（1991 至 2007 年共四屆）、新屋嶺村代表（1974 年至今），本區資深鄉事領袖，長期服務本鄉，建樹良多。香港特區政府為表揚其長期盡心竭力，參與公共及社區服務，為北區作出貢獻，於 2001 年向他頒授榮譽勳章 MH，於 2006 年更頒授銅紫荊星章 BBS。

張伙泰就讀於打鼓嶺嶺英公立學校，是學校第五屆畢業生（1962 至 1963 年度）。曾在鳳溪第一中學就讀（1963 至 1969 年度）。在王肇枝中學預科畢業後，入讀葛量洪師範學院，後執教鞭二十多年，春風化雨，桃李滿門。

張伙泰由 1974 年至今擔任新屋嶺村代表，對鄉村事務不遺餘力。又任新界鄉議局永遠顧問、四屆打鼓嶺區鄉事委員會主席、北區區議會副主席、北區清潔運動委員會主席、北區鄉郊規劃委員會主席、北區社區會堂管理委員會主席等要職。

張伙泰多年來致力服務社會，身兼多項公職，是現任香港特區人大代表選舉委員會委員及農業園諮詢委員會委員。他曾任蔬菜統營顧問委員會委員、監警會委員、酒牌局委員、醫療輔助隊顧問、城規會上訴委員會審裁員等。1997 至 2011 年間，他更擔任深圳市羅湖區政協委員，及深圳市羅湖區僑聯會副主席。

張伙泰非常關注區內長者的生活，是邊界區耆樂警訊會長會主席（首屆至今）及打鼓嶺耆樂會社社長。2019 新冠疫情期間，他參與邊界警區警民關係組製作的短片「防疫七式」，希望透過短片鼓勵大家齊心抗疫，讓會員足不出戶亦能接收防疫訊息，同時希望他們不忘關心身邊的人，送上關懷及祝福。

此外，張伙泰擔任香港童軍雙魚區副會長的職務，受到民政事務局局長嘉許計劃肯定，先後於 2008 年獲優異服務獎章、2010 年獲長期服務一星獎章。

張伙泰現今仍熱心擔任不同社會職務，除以上提及的職位外，還包括香港新界張氏宗親會主席、鳳溪第一中學榮譽校董、張靖軒堂創會會長等。他也是《打鼓嶺鄉志》編修的積極參與者。

陳崇輝 [10]（1970- ）

陳崇輝，坪洋原居民。打鼓嶺區鄉事委員會第 24 至 26 屆主席（2007-2019），同時任北區區議會當然議員，多屆坪洋原居民村代表（2007-2019），對本鄉事務貢獻良多，其家族成員長期出任鄉事領袖。

陳崇輝幼年到英國求學，畢業後在商界大展拳腳，十分關心家鄉事務及建設。當時政府計劃在打鼓嶺擴建堆填區，受影響的坪洋村民極力反對，陳崇輝以此為契機，遂在 2007 年首次參選坪洋村原居民代表並順利當選，後又連任兩屆，一直至 2019 年；2007 年，他首次參選打鼓嶺區鄉事委員會主席並順利當選，連任兩屆至 2019 年 3 月卸任，期間自動成為北區區議會當然議員，其理念是服務區內村民、推動區內建設。其上任後，全力推動鄉事會會址新大樓建設，努力籌集資金並慷慨捐資，最終建成既保留了傳統建築結構，同時又體現透明公開風格的、美輪美奐的現代化新辦公大樓，成為區內一地標建築，大大提升鄉務的運行。

在其任內，特區政府就興建香園圍管制站（口岸）而需大量徵收私人土地及遷移竹園村，他以鄉事委員會主席的身份，積極在村民與政府之間溝通協調，並積極參與口岸和香園圍公路建設，為建成極具戰略作用的香園圍／蓮塘口岸做出貢獻，為推動北區與深圳日後的深度合作發展奠下了良好基礎，也對本區居民對外出行港九市區的交通帶來諸多便利，貢獻良多。

他也十分積極推動坪洋村的社區發展，任內相繼建成三鄉亭、踏步徑、遊樂場、噴水池、村牌樓等。2012 年他獲特區政府委任為前中央政策組非全職顧問，也曾擔任深圳市龍崗區政協委員。

陳月明[11]（1972- ）

陳月明，出生於新界北區，坪洋原居民。14 歲遠赴英國求學，取得學士學位，主修酒店管理，學有所成後返回香港工作；其後繼續深造，取得碩士學位。因熱愛家鄉而定居坪洋，初在本港工作，香港回歸後到深圳從商，任深圳市三和陳氏實業有限公司的法人及股東，及後由商界逐步轉戰政壇，對本鄉貢獻良多。

她抱持改善新界鄉村、造福鄉民的宗旨，在 2004 年參選並當選坪洋村居民代表，一直連任至今。2019 年，她競逐並自動當選為打鼓嶺區鄉事委員會主席，是香港史上首名女性「鄉頭」，自動成為鄉議局當然執行委員及北區區議會當然議員。

她上任鄉主席後，發起並積極推動鄉事會編修新界 27 鄉的首本鄉志《打鼓嶺鄉志》。她首度向政府提出發展「港深口岸經濟帶」，建議參考珠海和澳門合作的橫琴示範區，還有法國及英國、越南、泰國及廣西、雲南等地的邊境口岸例子，強調邊境不能盲目配置破壞經濟帶建設的厭惡性設施，應該以多元化發展為主，以創科為主打，帶動酒店、商業、住宅等不同產業的發展，促進就業，更可解決香港產業單一化等問題。因此，她帶領鄉事會同人大力反對在港深接壤的黃金地帶——打鼓嶺沙嶺發展超級殯葬城，及反對在區內闢設七幅「特殊農業復耕」用地；她也積極就政府擴建新界東北垃圾堆填區的計劃向政府建言，要求改善區內堆填區引致的空氣污染和環境衛生等問題，並努力為港深邊界的居民改善生活環

境。她帶領鄉事會在互讓互諒的基礎上，推動政府部門和博愛醫院董事局同地區合作，和諧地實現將前昇平學校轉建為博愛昇平村過渡性房屋及打鼓嶺社區服務中心的混合體，實現多贏，惠及社會各方。

在 2019 年社會騷亂期間，她帶領鄉事會及鄉親，立場堅定地支持特區政府，反佔中、保法治、保經濟、保民生，支持香港警隊守護香港秩序。她及鄉事會全力支持實施港區國安法、落實愛國者治港及新選舉制度，令香港再出發。2019 新冠疫情暴發，嚴重影響香港市民，陳月明出錢出力，親身走在最前線，盡心盡力推動打鼓嶺防疫抗疫，堅持不懈，使藥物食物服務到村到戶，廣受讚譽。

2021 年底，陳月明競逐立法會議員席位，循完善選舉制度後新增的選舉委員會界別參選，她提出「變革創新：啟動新都會‧建設新香港」參選政綱，強調要以新思維、新機制，發展北部新都會、建設香港新中心，獲得 1,187 票高票當選為第七屆立法會議員，成為打鼓嶺鄉歷史上首位立法會議員。

2023 年，她自動連任村代表及鄉事委員會主席，其後繼續將工作目標瞄準北部都會區發展，努力爭取「共同發展、共同富裕」的願景，推動政府落實基建先行、東鐵線延長線貫穿連結北部都會區各口岸及打鼓嶺腹地、港深合作互利發展等。

她除了在議事堂關注新界北部發展問題，也關注人才引入、女性議題、兒童權益、婦女及青年事務；她也十分關注教育發展，擔任中、小學的校董等。此外，她還擔任諸多公職，如北部都會區諮詢委員會委員、貴州省政協常務委員、香港新青會會長、打鼓嶺慈善基金發起人、香港女童軍新界地方協會會長等，全方位服務香港、貢獻國家。2022 年獲特區政府頒授榮譽勳章 MH。

林金貴 [12] （1968- ）

林金貴，新界打鼓嶺山雞笏原居民，曾在昇平學校讀小學，九歲時跟家人移居英國倫敦生活。年幼時受家人影響，即使身在彼邦也十分留意香港時事。他在英國主修電腦，大學畢業後一個人回港發展。

回港初期，林金貴居於上山雞乙的祖屋，每天須長途跋涉到港島區工作，但無損他對家鄉的熱愛。

他對打鼓嶺鄉村歷史素有研究，曾撰寫有關平源天后古廟、昇平社、打鼓嶺六約等歷史的文章，刊於《打鼓嶺區平源天后寶誕特刊》，又帶領導賞團，讓市民能親身體會鄉村的純樸及感受大自然環境。

他熱心公益事業，並積極參與鄉、村內事務，繼於 1994 年成為下山雞乙原居民村代表後一直連任，又於 2007 年當選為打鼓嶺區鄉事委員會副主席並連任兩屆，後於 2019 年當選為鄉事會首副主席，至 2023 年卸任村代表及副主席職務，任內積極及全面參與打鼓嶺鄉的各項社區民生事務。

他也擔任多項公職，如鄉議局顧問、鄉議局當然議員、北區防火委員會委員、北區滅罪委員會委員、北區鳳水分區委員會委員、打鼓嶺區平源天后廟理事會首總

理等。他也十分支持兒童教育及敬老事業，擔任嶺英學校及育賢學校校董、民政處北區敬老委員會委員、邊界警區少年警訊名譽會長、影視及娛樂事務管理處電影檢查顧問小組成員等。他獲鄉事會頒發 30 年長期服務獎狀，更獲特區政府頒授行政長官社區服務獎狀。林金貴在首副主席任內積極參與推動《打鼓嶺鄉志》編修。

陳富鵬 [13] （1963- ）

陳富鵬，坪洋村原居民、第 27 屆（2019-23）打鼓嶺區鄉事委員會副主席、2015-19 及 2019-23 兩屆坪洋村原居民代表、2019-22 年打鼓嶺區平源天后誕理事會總理，曾任鄉議局當然議員，現任北區滅罪委員會委員等。少時於坪洋公立學校就讀小學，畢業後於粉嶺佛教明心中學就讀，中學三年級時與家人一同前往荷蘭居住，並在那裡完成建造業學校課程。四年後他返回香港發展，曾擔任不同職位，今任混凝土廠助理經理，負責管理日常廠務。

陳富鵬於擔任打鼓嶺區鄉事委員會副主席期間，因遇上新冠疫情，與鄉事會主席陳月明、首副主席林金貴傾力合作，大力投入打鼓嶺區的防疫抗疫工作，例如向區內居民宣傳防疫意識、在區內張貼海報以提醒居民注意個人衛生及防疫措施、為區內居民爭取口罩、消毒酒精等防疫物品，並多次在鄉事會大樓及村中派發防疫物品，包括到寮屋派發物資，切實地幫助該地居民。

2019 年擔任平源天后誕理事會總理期間，他致力於聯絡打鼓嶺區、北區附近村落及行業組織，與當屆首總理、總理及各理事通力合作，籌辦盛大的天后誕慶典。2020 年因新冠疫情影響，天后誕多項活動停辦，仍致力完成職務，在演戲及迎神儀式取消下，仍在主席、副主席領導下，代村民向天后拜祭及求神問福，使打鼓嶺區紀念天后誕的傳統得以順利延續。他在鄉事會副主席任內積極參與推動《打鼓嶺鄉志》編修。

張天送 [14] （1959- ）

張天送，香港出生，新屋嶺村原居民。2003 年首次競選新屋嶺村居民代表，自動當選並連任至今，服務村民逾 20 載。2019 年當選打鼓嶺區鄉事委員會執行委員，並當選新界鄉議局特別議員。2023 年當選打鼓嶺區鄉事委員會首副主席，同時擔任新界鄉議局當然議員。

生於斯，長於斯，服務於斯。張天送就讀區內小學三和公立學校及沙頭角官立中學。典型的原居民個性，對鄉土情懷、宗族倫理特別看重。當他知悉當時的教育政策，需要成立新的管理架構，校友會代表是當然成員，於是在 1996 年應母校沙頭角官立中學的校長老師們邀請，力邀眾多校友支持，促成建立校友會，並自動當選為主席。及後至 2004 年，亦應母校邀請，成立三和公立學校校友會，亦自動當選為校友會主席。祖國改革開放政策下，深港兩地宗族交流更緊密，2007年張天送加入香港新界張氏宗親會，為執行委員會委員。同年加入黃貝嶺張靖軒堂董事會成為董事，為深港族人團結力量，發揚民族精神，愛國愛港；及後於2018 年當選為副主席及秘書長，為氏族宗親服務至今。

張天送除服務鄉民外，亦積極參與區內事務。分別於 2008 及 2009 年獲邀成為北區區議會增選委員。先後加入多個附屬委員會服務市民，如北區公民教育委員會、北區青少年暑期活動委員會、廉政公署北區倡廉活動委員會、北區地區小型

工程及環境改善委員會、北區交通及運輸委員會、北區文藝協進會委員等等。
2019 年香港受新冠疫情影響，張天送積極參與抗疫義工行動，如抗疫物品包裝
及派發，特別為長者上門到戶注射疫苗等，深受鄉民讚譽。

張天送於 2020 年獲頒民政事務局局長嘉許計劃獎章，地區服務得到認同。同年
加入廢物設施環保規劃及管理（沙打鄉郊地區聯絡小組）成員。2021 年獲委任
為第一屆北區鳳水分區委員會委員，連任至今。他在反對東北堆填區、沙嶺墳場
擴建計劃、廚餘處理等問題上非常關心及投入。他也是《打鼓嶺鄉志》編修的積
極參與者。

易渭東 [15] （1955- ）

易渭東，新界出生，1994 年開始擔任鳳凰湖原居民村代表至今，2023 年自動當選打鼓嶺區鄉事委員會第 28 屆副主席，同時擔任鄉議局當然議員。

典型土生土長的原居民，幼年就讀於嶺英公立學校，除學習外，還兼顧家中農活。後到九龍升讀中學，但他需每日凌晨起床割菜，再擔菜到上水出售，然後才乘火車回校上課。因為太疲倦，令成績平平，所以父親在他讀完中三那年便要他停學，全力幫助家庭做農耕工作。那時他沒有沮喪，反而把握機會從中學懂種植稻米的全過程。

有嶺英學校的老師經過農田時向他說：「你一世都喺度耕田呀，無出息㗎啦！」這些話令他經常反思：我的一生就這樣嗎？19 歲時，他決定重拾學業，寫信給在英國讀大學的哥哥，想到英國半工讀，希望能改變自己的命運。及後在哥哥姊姊幫助下，於 1975 年 10 月 1 日用學生簽證前赴英國讀書，開展人生另一求學階段。他日間上學，晚上及假期在餐館兼職，賺取學費及生活費，完成預科課程，並成功考入倫敦大學 Chelsea College，修讀數學學士；畢業後繼續在布魯內爾大學（Brunel University）攻讀碩士課程，主修數值分析（Numerical Analysis）。

在他自強不息，不懈努力下，最終在 1985 年碩士學位畢業後，回港任職中學數學（主任級）老師，並擔任課程發展評估主任。從事教學期間，經常協助新入職老師處理思維與教學上的改進、推動老師對教學的信心和熱誠，解決學生在學習上的難題、提升學習的興趣，也替牛津／勤達出版社校對中學數學教科書，並出版中一至中三的數學暑期作業。

在任村代表期間，於 2007 年倡議籌建了鳳凰湖村公所，使村民有一處正規的議事和聚會的場所。每年舉辦村中活動，如香港名勝一天遊、盆菜宴及年度的村民大會，以維繫村民的凝聚力和歸屬感。2013 年，易渭東代表鳳凰湖村出席新界東北新發展區發展事務委員會特別會議。2021 年，他作為北部都會區發展範圍區內代表，有鑑於強制搬遷政策對居民帶來的不便和不公，多次向政府提出把區內鄉民原區重置的要求。

易渭東從教學的工作退下來後，用其他方式服務鄉梓，幫助鄉民。適逢村內很多村民都不懂得處理祖堂物業的承辦和轉易手續問題，所以他考取地產代理牌照，在 2010 年創立渭桃居地產有限公司，全心全意為各村民服務。2018 年，他於打鼓嶺開辦鳳凰農場，採用新的技術種植蔬果，可謂永不停步。

易渭東困境不失志，發奮力學，投身教育，化雨育人。退休後服務鄉梓，實在是鳳凰湖的福氣。他也是《打鼓嶺鄉志》編修的積極參與者。

黃偉炎 [16]（1948- ）

黃偉炎，本鄉出生，簡頭圍原居民。曾任本區區議員（1994至2000年沙打選區）。1991至2003年及2007至2019年，黃偉炎擔任打鼓嶺區鄉事委員會首副主席，歷任六屆。1980年開始擔任簡頭圍村代表，一直連任至今。曾任平源天后廟理事會首總理。

1994年，黃偉炎在沙頭角及打鼓嶺兩鄉的鄉事委員會支持下，決定出選區議會，以2,027票順利當選。該屆選舉為港英政府時期的最後一屆區議會選舉，任期至1997年。香港回歸祖國後，黃偉炎獲委任為北區區議員，任期至2000年。

他在塘坊永傑書室（即現時坪輋昇平學校的前身）接受小學教育，畢業後在中學僅就讀了一段短時間。離校後，他從事不同行業，曾在五金廠任職一年學徒，後在打鼓嶺菜站工作並同時協助家人務農。

「六七事件」期間，不少九巴車長及售票員響應工會號召參與罷工，當中逾半員工被解僱。19歲的黃偉炎留意到九巴有大量空缺，便應徵並順利獲聘。他先任職售票員，後於1976年轉任巴士司機，在1979年離職，合共在九巴工作11年。

此後，黃偉炎投身鄉村事務，積極服務社區，除上述公職外，曾擔任不同要職。

1983 至 1989 年出任打鼓嶺菜站理事長，其後也曾擔任新界蔬菜產銷聯合總社副理事長，經常與漁農署的署長級人員開會，也會到歐美和內地探訪考察。1986 年，港英政府組團往廣州交流蔬菜種植，得到廣州分管蔬菜的領導接待。他與同行的香港農夫到番禺研討當地菜農使用農藥，贈送菜種、農具給他們。

註解

1　主要參考《坪輋萬氏二房家譜》。

2　主要參考資料：深圳市人民政府編：《廣東省深圳市革命烈士英名錄》，深圳：深圳市人民政府，1982 年；
　　原東江縱隊粵贛湘邊縱隊香港老戰士聯誼會：《東縱 · 邊縱香港老戰士——抗日戰場回憶》，2013 年；
　　萬新財、萬建文、萬順有、萬有慶訪談，2021 年 4 月 25 日。

3　葉維里（1927-2013），沙頭角蓮麻坑村民、東江縱隊戰士，曾任東江縱隊、粵贛湘邊縱隊老戰士聯
　　誼會主席。

4　主要參考資料：《香港工商日報》、《華僑日報》，新界鄉議局 20、21、23 屆年報及就職專刊
　　（1972-1978）、《打鼓嶺區鄉事委員會第 27 屆就職典禮特刊》，2019 年。

5　主要參考資料：《大公報》、《華僑日報》、羅慧燕：《藍天樹下：新界鄉村學校》，香港：三聯書店，
　　2015 年。

6　杜錦貴訪談，2021 年 10 月 26 日。

7　參考杜文光區議員在網頁上的公開資料，以及張伙泰口述，2023 年 9 月 10 日。

8　主要參考資料：陳華春訪談，2021 年；《華僑日報》；育賢學校，《學校歷史》，https://www.
　　yukyinschool.edu.hk/；《打鼓嶺區鄉事委員會第 27 屆就職典禮特刊》，2019 年。

9　主要參考資料：香港特別行政區新聞公報，2001 年 7 月 1 日，https://www.info.gov.hk/gia/
　　general/200107/01/0630258.htm；香港特別行政區新聞公報，2006 年 7 月 1 日，https://www.info.
　　gov.hk/gia/general/200607/01/P200606300222.htm；警察公共關係科：《耆樂警訊》，第 20 期季刊，
　　2020 年 12 月，https://www.police.gov.hk/info/doc/spc/202012.pdf；張伙泰訪談，2022 年 5 月 26 日、
　　2022 年 6 月 28 日、2022 年 6 月 21 日。香港童軍總會新界東地域網頁，https://www.nter-hkscout.
　　org/award_senior，取用於 2022 年 9 月 26 日。

10　主要參考資料：《打鼓嶺區鄉事委員會第 27 屆就職典禮特刊》，2019 年；《打鼓嶺區鄉事委員會鄉
　　郊代表名單》（2007-2011; 2011-2015; 2015-2019）；《香港商報》、《東方日報》。

11　主要參考資料：《打鼓嶺區鄉事委員會鄉郊代表名單》（2011-2015; 2015-2019; 2019-2023）；北區
　　區議會，《北區區議會議員資料》，https://www.districtcouncils.gov.hk/north/，取用於：2022 年 6
　　月 1 日；《Capital 資本平台》，2022 年 6 月 12 日；《文匯報》、《橙新聞》等。

12　主要參考資料：下山雞乙林金貴訪談，2021 年 8 月 25 日、2021 年 11 月 11 日；打鼓嶺區平源天后廟
　　理事會：《丁酉年打鼓嶺區平源天后寶誕特刊》，2019 年。

13　主要參考資料：《打鼓嶺區鄉事委員會第 27 屆執行委員會暨全體村代表就職典禮》，2019 年；打鼓
　　嶺區平源天后廟理事會，《己亥年打鼓嶺區平源天后寶誕特刊》，2019 年；陳富鵬訪談，2022 年 7
　　月 14 日。

14 主要參考資料：《打鼓嶺區鄉事委員會第 27 屆執行委員會暨全體村代表就職典禮》，2019 年；張天送訪談，2023 年 9 月 15 日。

15 主要參考資料：《打鼓嶺區鄉事委員會第 27 屆執行委員會暨全體村代表就職典禮》，2019 年；易渭東訪談，2023 年 9 月 13 日。

16 主要參考資料：簡頭圍黃偉炎訪談，2021 年 11 月 13 日；《二十一世紀雙月刊》，2017 年 6 月號（第 161 期），頁 53-70；《香港商報》、《打鼓嶺區鄉事委員會第 27 屆就職典禮特刊》，2019 年。

後記

打鼓嶺鄉地域歷來屬浟浟華夏疆土，秦一統中國後，置南海郡番禺縣管轄香港，或因地域偏僻，並無歷史文獻記載本鄉狀況。至明代萬曆元年（1573）新安縣設置，本鄉地域歸縣六都管轄，史有明文已歷 400 多年。

早年本鄉莽莽荒原，先輩以篳路藍縷的精神拓荒，努力成就今天的樂土。國史記載國之大事；鄉志記述鄉之大事也。此乃修撰本鄉鄉志之緣由，亦以紀先彥之功也，使後人永誌不忘前人之功業。今天的富足，是前人的努力。

本鄉走過了歷史長河，面對盛世，預見大中華的明天，必然能參與，貢獻自身的力量。鄉彥昨天、今天、明天的努力，是國家寶貴的財富。

本鄉志正是要讓所有的人都「知過去、重今天」，面對更美好的祖國明天。

本鄉志為阮志博士研究團隊在打鼓嶺區鄉事委員會（第 27 屆）委託下進行的合作研究項目，阮志博士擔任主編，團隊包括曾家明先生、余嘉浩先生、許家朗先生、胡世姍小姐等人。團隊歷經兩年蒐集豐富歷史資料、落村調研、考察訪問等一系列紮實工作，於 2023 年初彙編文案並提交了本鄉志的草稿。本會對阮志博士研究團隊全體成員的研究成果表示由衷感謝！

打鼓嶺區鄉事委員會成立鄉志編委會，進一步編輯阮志博士研究團隊的草稿，工作期間得到本鄉志名譽顧問劉蜀永教授、劉智鵬教授、劉效庭校長、嶺南大學香港與華南歷史研究部的大力支持和幫助。尤其是劉蜀永教授費時數周，前後兩次

300 幫助修改書稿，特此銘謝，致以敬意！

感謝香港警務處邊界警區、打鼓嶺警署，為本鄉志提供了珍貴的圖片和資料；對本鄉志編撰期間所有予以支持、參與的鄉彥、村代表們，在此一併感謝！

對所有大力幫助、慷慨解囊，支持出版本鄉志的各界朋友致以誠摯謝意！

因時間倉促及資料所限，難免有不確錯漏，容後修正，敬請諒解！

圖片集

1950 年代的文錦渡

1950-1960 年代

大逃亡潮時，難民由內地爬邊界圍網進入港界。

1950 年代文錦渡橋粵港雙方貿易情況，由挑夫挑運物資，經文錦渡橋往來。

昔日的羅湖火車站

修築中的羅湖橋

1967 年羅湖管制站

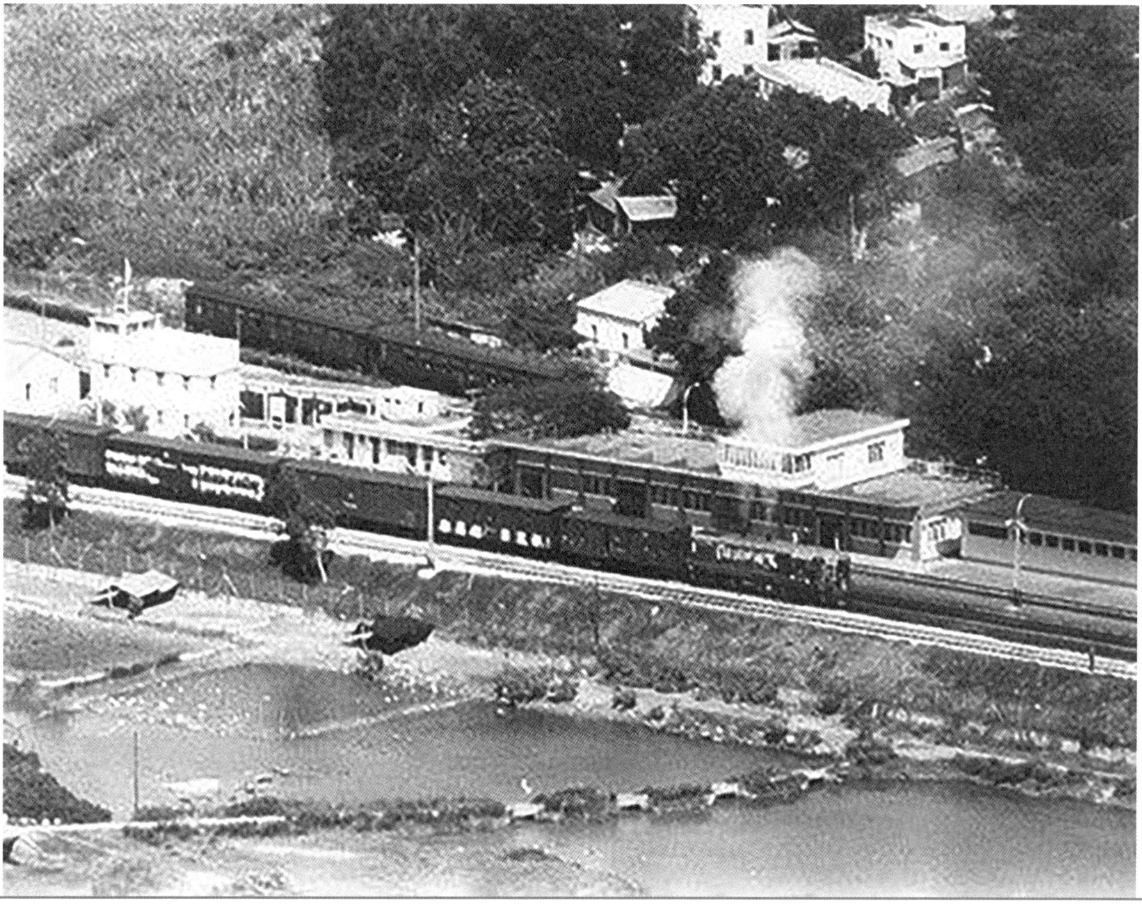

大逃亡潮時，港方喼喀兵逮捕難民情況。

羅湖火車站市民過境情景

1970 年代的文錦渡

1970-1990 年代

1980 年代的羅湖管制站

昔日的羅湖站

昔日羅湖站過境旅客情景

昔日羅湖橋，過境人流如鯽。

1990 年代的文錦渡

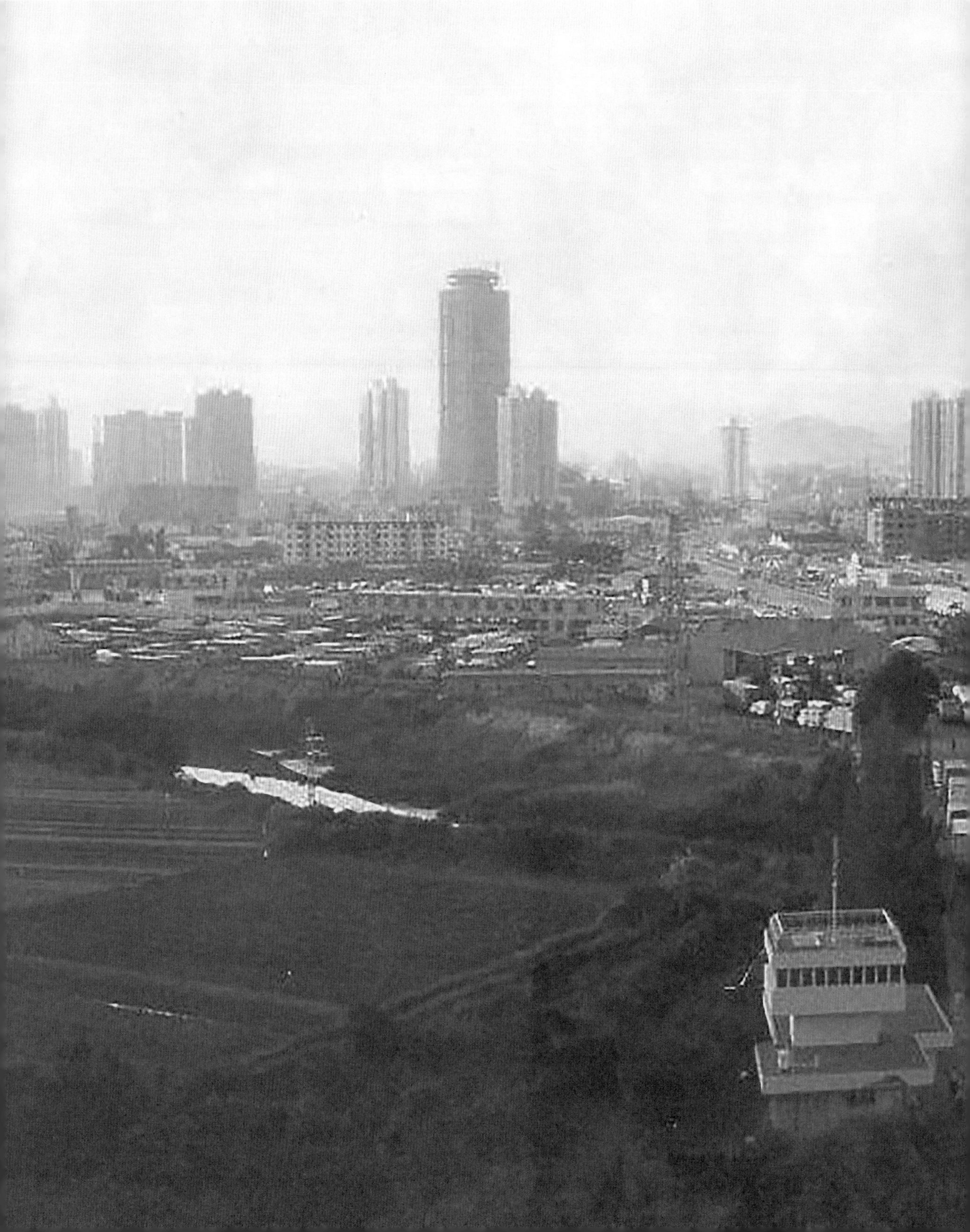

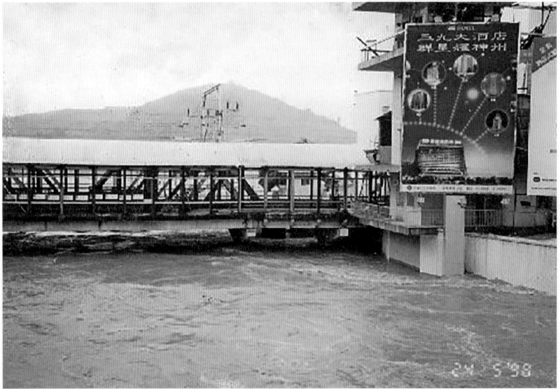

1998 年打鼓嶺雨季嚴重水浸情況

昔日打鼓嶺國際木

千禧年至今

2018 年打鼓嶺國際木

昔日打鼓嶺國際橋

2018 年打鼓嶺國際橋

昔日文錦渡管制站

2018 年文錦渡管制站

昔日文錦渡管制站

2018 年文錦渡管制站

2018 年興建中的香園圍口岸

2018 年打鼓嶺警署

2018 年邊界警區總部

2018 年瓦窰警崗

2018 年文錦渡行動基地

2018 年新屋嶺扣留中心

1996 年文錦渡周邊

2018 年文錦渡周邊

1996 年打鼓嶺礦山周邊

2018 年打鼓嶺礦山周邊

1996 年打鼓嶺警署周邊

2018 年打鼓嶺警署周邊

1998 年文錦渡木湖一帶

2018 年文錦渡木湖一帶

打鼓嶺鄉大事年表

年份	事項	備註
秦始皇 33 年 （前 214 年）	一統中國，置南海郡番禺縣。	香港（時無此名，下稱本港）具體情況不明
漢高祖元年 （前 206 年）	因秦之舊；又分郡國之治。大體不變；長期如是。	
東晉咸和 6 年 （331 年）	1. 分南海郡置東官郡；下設寶安縣。 2. 南北朝 300 年，分分合合；變動微少。	
隋開皇 9 年 （589 年）	併東官郡入廣州，縣名仍舊。	
唐至德 2 年 （757 年）	廢寶安縣，改名東莞縣；屬嶺南道廣州轄。	
宋至道 3 年 （997 年）	1. 分嶺南道為二；東部改稱廣南東路。 2. 下轄廣州府；東莞縣。	
元至元 17 年 （1280 年）	1. 縣治域沒大變，改隸江西行中書省管。 2. 省下又有：路、州、府。	
明洪武 9 年 （1376 年）	1. 改名：廣東承宣布政使司（簡稱廣東）。 2. 只轄今廣東地界；司下有府（廣州）。 3. 府下有：東莞縣。	1. 本港本鄉地域屬之
明萬曆元年 （1573 年）	分東莞縣南部。置新安縣、防海盜倭寇也。	1. 本港本鄉地域改隸新安縣 2. 本鄉為新安縣六都界 3. 已有早期村落
清順治元年 （1644 年）	1. 明亡、清立。戰禍連年，死傷重大。 2. 正名：廣東省廣州府新安縣。	1. 同上 2. 官民均少記載
康熙元年 （1662 年）	1. 遷海（界）令下，居沿海 50 里的居民均須內遷。 2. 本鄉全遷，空其地。 3. 遷海非一次，各地不同；然哀鴻遍野，慘不忍睹。 4. 本鄉事：少有記載。 5. 新安縣裁，歸東莞縣。	1. 本鄉：荒蕪 2. 慘狀分見廣東各地方志，本鄉應如是。
康熙 8 年 （1668 年）	1. 展界令初下，村民得還。 2. 復置新安縣，但回歸者多少不一；多不及半數。 3. 獎勵「狹鄉」（人多地少）之民入移；多客籍。是為「客家填地主」。	1. 本鄉大變 2. 終歸新安，然民並不安。
乾隆 21 年 （1756 年）	平源天后廟遷至打鼓嶺坪輋老圍村現址，漸成本鄉的重要組織。	
乾隆 54 年 （1789 年）	長山古寺創建，本港四大古寺之一（與他鄉共管）。	

年份	事項	備註
嘉慶年間 (1796 至 1820 年)	1. 王崇熙纂《新安縣志》卷四《山水略》記載:「打鼓嶺在六都,俗傳風雨夜聞鼓聲。」是為目前可查的最早出現打鼓嶺之名稱。 2. 本鄉(與深圳河北岸居民)初立「六約」,為民間鄉約之始,具體年份不詳。 3. 縣志多有記載本鄉之村落名字(共 14 條),聚落已成村。	六約之傳說不一
19 世紀	村民在瓦窰下三座山坡挖三個窰洞,燒製青磚及瓦。	
1889 年	鄉內最早的塘坊村永傑書室開辦。	
1898 年	1. 英國強租新界(本無此名,英國人強名之)。 2. 英國 1899 年以武力接收,曾與鄉民衝突。	本鄉歸英治
1898、1899 年	1. 英治始立(1899 年),本鄉歸之。港英政府把新界劃分為九龍、沙頭角、元朗、雙魚、六約、東島、西島、東海等八個分約,打鼓嶺屬於六約這個分約。 2. 以新界北約理民府轄,英理民官治。	1. 沒大變化。 2. 佔新界只為保港口(維港)。
1862 至 1908 年	打鼓嶺鄉民多前往南洋及美洲謀生,部份村民前往南洋暹羅(今泰國)、美洲巴拿馬、牙買加,也有不少鄉民前往美國開發舊金山。	
20 世紀初期	客家人江氏在木湖瓦窰建窰,燒製磚瓦。	
1905 年	打鼓嶺警署建立,是北部邊界最早建立的警署之一。其後分別於 1937 及 1950 年擴建。	
1907 年	1. 橫跨深圳河的羅湖橋開始建設,於 1909 年建成,連同九廣鐵路於 1910 年啟用。 2. 港英政府建立新界理民府,打鼓嶺被劃入新界北約理民府的管轄範圍。	
1920 年代初	建成由上水至文錦渡的一段文錦渡路	
1920 年代	根據《新安客籍例案錄》記載,打鼓嶺及沙頭角兩個鄉約的村民一起向廣東省政府請願,時任官員批准鄉民在羅芳建造一座石橋即羅芳橋。	
1920 至 1930 年代	鄉村經濟不振,生活困難,男丁紛紛出外打工。當中許多打鼓嶺鄉民選擇擔任海員。	
1921 年	動工興建一段沿港深邊界(覆蓋打鼓嶺)的「巡邏路」(Patrol Path),連接打鼓嶺與上水,闊度約 4 呎,全長 3.56 英里。	

打鼓嶺鄉大事年表

年份	事項	備註
1927 年	打鼓嶺北面的蓮麻坑路建成，與文錦渡路同屬於邊境巡邏道路（Patrol Road）。	
1928 年	上山雞乙書室（其建立年份不詳）停辦	
1938 年	1. 下山雞乙義興堂書室建立 2. 日軍佔領深圳後即派軍站崗羅湖橋，與英軍隔橋對峙。	
1939 年之前	聖約翰救傷隊（St. John Ambulance）曾於打鼓嶺區設立醫療站。	
1941 至 1945 年	日佔；本鄉為日寇全佔。一路日軍由深圳經羅湖橋越過深圳河入侵，1941 年 12 月 8 日攻佔新界。	
1946 年	1. 週田村校：週田學校成立，即為嶺英公立學校前身。 2. 政府批准在永傑書室旁另建新校，註冊為昇平學校。1961 年擴建，搬遷到昇平學校現址，後在 1994 年停辦。	
1947 年	1. 打鼓嶺屬大埔理民府管轄 2. 港英政府批准建立聯和墟，同年 12 月 22 日「聯和置業有限公司」成立，1951 年聯和墟完成建設。	
1949 年	中華人民共和國成立	英方觀望
1949 至 1953 年	港英政府沿深圳河邊境興建了七座堅固的警察哨站（麥景陶碉堡），日夜均駐有守衛。屬於打鼓嶺警署的有白虎山、瓦窰、南坑三座。	
1950 年	1. 7 月 1 日，中央人民政府政務院批准羅湖口岸正式成為國家對外開放口岸，並成立羅湖邊檢站。 2. 港英政府刊憲，在羅湖劃出兩幅土地，分別作為沙嶺墳場及沙嶺（金塔）墳場。	
1951 年	1. 港英政府於 4 月 1 日頒佈《入境管制條例》。邊境禁區的界線在 6 月 15 日根據《邊界禁區令》[Frontier Closed Area Order (Cap.245 sub leg A.)] 確立。本鄉超過一半的地域被列入邊界禁區。 2. 港府在塘坊村口設立了坪輋檢查站，另在上水紅橋設置紅橋檢查站。	
1954 年	1. 打鼓嶺區鄉事委員會成立，包括鄉中 20 條村，陳友才擔任首任鄉事會主席。 2. 為新界 27 鄉之一；為新界鄉議局架構成員。	

年份	事項	備註
1950 年代	1. 天主教明愛在打鼓嶺區開展社會服務 2. 大批內地同胞來港，不少人從事農業、園藝或畜牧業，故選擇居住在打鼓嶺，新的居民聚落湧現，本鄉的人口結構大大改變。 3. 邊境禁區居民與車輛等運輸工具一律宵禁八小時。直至 1968 年修訂有關法例宵禁時間減為五小時，至 1980 年代再縮減為四小時。	
1950 至 1960 年代	嘉道理農業輔助會實施援助計劃，推動本鄉居民發展畜牧業。	
1950 年代晚期	打鼓嶺鄉民大多前往英國工作謀生	
1957 年	1. 港英政府在羅湖鐵路橋原址重建的新橋順利完工 2. 週田學校建設新校舍，並由此更名為「嶺英公立學校」。 3. 坪洋公立學校建立。2006 年停辦。 4. 三和公立學校創建。2005 年停辦。 5. 設立打鼓嶺蔬菜收集站 (菜站)，並由政府的蔬菜統營處管理。	
1958 年	香園公立學校建立。1970 年代停辦。	
1962 年	1. 羅湖公立學校建立。2005 年停辦。 2. 坪輋蔬菜合作社成立，並由政府的蔬菜統營處管理。	
1960 年代	1. 原來的一條泥路小徑坪輋路被擴建成單線馬路，該路在 1972 年被擴闊為雙程路。 2. 明愛於昇平學校旁設了明愛聖若瑟診所、托兒所及明愛打鼓嶺幼兒學校，為打鼓嶺居民提供醫療及社區支援服務。 3. 建造了打鼓嶺消防局 4. 發生深港兩方自戰後最大規模的衝突——沙頭角事件和文錦渡事件，英方封閉邊界，除羅湖外所有耕作口均被關閉。 5. 新屋嶺附近的恐龍坑開設了「雙英磚廠」。	
1964 年	木湖加裝水泵及水喉管道，連接邊境及梧桐河，作為 1965 年開始供應東江水的基建設施。數年後，木湖抽水站正式落成，打鼓嶺區始有自來水供應。	
1965 年	香港浸信會聯會購得坪輋村一幅農地建設浸會園，開始為教會、學校及機構團體提供宿營服務。	

年份	事項	備註
1967 年	1. 明愛診所開設，並被冠以「聖若瑟」之名，明愛是主要的贊助機構。 2. 8 月 11 日早上，一群內地居民越過邊界接近羅芳橋要過境耕作，發現閘門被英方關閉，衝入英界後雙方爆發衝突，衝突後英方使用催淚彈，驅散眾人回華界。 3. 在原明愛診所的基礎上發展了「聖若瑟診所暨托兒所」（即現時的「明愛打鼓嶺幼兒學校」前身）。	
1968 年	1. 打鼓嶺區鄉事委員會獲政府批地在坪輋路興建會址，各方支持下，於坪輋路 198 號建成一座單層高面積約 1,500 平方呎的建築物。 2. 鄉內有兩個小市集，位於打鼓嶺菜站及坪輋菜站，由村民自發而成。市集自 1970 年代開始，頗為興旺。	
1969 年	香港獅子會捐出 6,000 元，在上山雞乙村的辦公樓（村公所）內設立了當時首個鄉村圖書館。	
1960 至 1970 年代	打鼓嶺區很多村民都選擇前往英國或荷蘭謀生發展，出現移遷高潮。	
1970 年	4 月，發生本鄉居民因「禁區紙問題」而被拘捕的事件。	
1971 年	週田村成立培英幼稚園。該園後於 1980 年代停辦。	
1970 年代	1. 港英政府曾經計劃把沙嶺墳場擴建，深圳方面投訴，港府停止擴建。 2. 平源天后廟理事會開始將天后寶誕活動中的「搶花炮」改為以抽籤（抽花炮）代替。 3. 明愛聖若瑟兒童福利診所易名「打鼓嶺診療所」，定期有政府醫生及律敦治療養院一名醫生到診。	
1975 年	於坪輋路創建雲泉仙館，佔地約三十萬餘呎，乃佛山南海西樵山雲泉仙館在香港的分支。	
1976 年	平源天后廟重修落成，十二月十九日開幕誌慶。	
1977 年	地區諮詢委員會先後在新界各區成立，委員會成員包括鄉事委員會主席。	
1979 年	1. 分拆大埔理民府，成立北區理民府。 2. 首長為北區理民官；處理上粉沙打四區事務。 3. 打鼓嶺鄉首座康樂中心落成，位處坪輋村村公所現址。	本鄉改隸北區

年份	事項	備註
1981 年	第一個正式的港深陸路貨運關卡設在文錦渡。6 月 25 日新的文錦渡管制站（口岸）啟用。	
1982 年	1. 北區理民府改稱：北區政務處。 2. 首長稱：北區政務專員。 3. 北區區議會成立，27 鄉鄉事委員會主席成為當然區議員。	同上
1984 年	1. 1 月，政府當局在羅湖管制站的原址動工修建聯檢大樓，1986 年 6 月 14 日落成啟用。 2. 上水紅橋檢查站後退至上水虎地坳，是為沙嶺檢查站（虎地坳段）。 3. 籌建打鼓嶺鄉村中心，作為改善該區生活質素及增加各項社區設施計劃的一部份，於 1991 年動工。	
1986 年	1. 明愛托兒所改為明愛幼兒園（現稱「明愛打鼓嶺幼兒學校」）。開辦「安坪苑」（即現時的「明愛馮黃鳳亭安老院」前身）。 2. 雲泉仙館開始舉辦每年秋天的菊花展覽會，是雲泉仙館一年一度的盛事。	
1987 年	環保署實施禽畜廢物管制計劃，遏止未經處理的禽畜廢物排放入水道造成污染。	
1988 年	政府提出建造黃茅坑山堆填區計劃，為此刊憲令缸窰、東風坳及銅鑼坑等部份土地脫離禁區。後易名為新界東北堆填區。有關工程受到當區居民的強烈反對。	
1990 年代	安坪苑改名為明愛馮黃鳳亭安老院	
1993 年	打鼓嶺區發生嚴重水浸	
1994 年	7 月，新界東北堆填區開始建造，佔地 95 公頃，容量達 3,500 萬立方米，每日可接收約 6,000 公噸廢物。1995 年 6 月開始運作。	
1995 年	港英政府於坪輋建成打鼓嶺鄉村中心政府大樓	
1996 年	打鼓嶺鄉村中心政府大樓後方建成坪輋商業中心（又名坪輋商場）。但沒有實現商業中心，後改為安老院。	
1997 年	香港回歸祖國，本鄉亦然。	
1998 年	新界北暴雨成災，本鄉一片澤國，多條鄉村嚴重水浸，村民房產受巨大損害，邊界鐵絲網被沖毀。天文台遂於同年設立新界北部水浸特別報告，提醒相關市民。	

年份	事項	備註
2003 年	1. 新界北暴雨成災，打鼓嶺區內變澤國，多處有村民被困，兩名隸屬打鼓嶺警署的高級督察及警員，於邊境蓮麻坑路執行水浸報告，在木湖泵房附近拯救被困村民時，高級督察梁寶明遭洪水沖走而殉職。 2. 香港特區政府與深圳市政府合作處理平原河水患問題，啟動深圳河治理第三期工程及擴闊深圳河、平原河交界至李屋一段的河道。 3. 9 月，由於深圳河改善工程，重建了新的羅湖鐵路橋。	
2007 年	「打鼓嶺耆樂會社」成立，為區內長者提供多元化服務。	
2008 年	1. 邊界禁區政策檢討，宣佈分三個階段，縮減禁區範圍至 400 公頃。 2. 4 月 1 日，警方推出新的邊境禁區通行證，以背景字母 R、V 及 W 識別居民證、訪客證及工作證。 3. 香港特區政府聯同深圳市政府決定在羅湖和文錦渡口岸之外，興建香園圍管制站／蓮塘口岸。	
2010 年	在鄉事會第 24 屆主席陳崇輝帶領下，獲各方支持，重修會址建成兩層高的新辦公大樓。	
2012 年	政府就新界東北發展計劃推出第三階段公眾參與	
2013 年	1. 打鼓嶺鄉民遊行反對新界東北堆填區擴建計劃 2. 8 月，新界東北堆填區發生首宗污水滲漏嚴重事故。 3. 8 月 31 日，新界北地區大雨滂沱，雷電交加，其中打鼓嶺更淪為重災區，很多村屋被洪水圍困，水深至胸口。 4. 立法會工務小組委員會同意向財務委員會建議在新界北沙嶺興建骨灰龕及火葬場的撥款。 5. 香園圍管制站／蓮塘口岸於 7 月動工。	
2014 年	受香園圍管制站（口岸）工程影響而需要搬村的竹園村，政府收村限期由 4 月延至 8 月，竹園村順利完成搬遷。	
2016 年	1 月 4 日，落實第三階段，本鄉絕大部份鄉村告別禁區的歷史。所有既定縮減範圍全部執行，共釋出約 2,400 公頃禁區土地。	
2017 年	立法會財委會正式批准約 18.5 億港元撥款以進行沙嶺墳場骨灰安置所、火葬場及有關設施的土地平整和相關基礎設施工程，以備建造未來的「超級殯葬城」。	

年份	事項	備註
2019 年	1. 陳月明自動當選為本港歷史上首位女性鄉事委員會主席，林金貴、陳富鵬分別自動當選打鼓嶺區鄉事委員會第 27 屆首副主席、副主席。 2. 5 月 26 日早上 8 時，香園圍公路通車。 3. 7 月，政府向立法會財委會申請撥款興建沙嶺墳場骨灰安置所、火葬場及有關設施（超級殯葬城），打鼓嶺區鄉事委員會尋求各界支持，代表到立法會外請願，政府撤回撥款申請。 4. 打鼓嶺區鄉事委員會主席、北區區議員陳月明在區議會大會上動議，要求政府大幅縮減骨灰安置所規模並取消殯儀館和火化爐的設施。	
2020 年	1. 5 月，打鼓嶺區鄉事委員會及鄉民反對在區內闢設七幅特殊農業復耕用地。 2. 8 月 26 日，香園圍管制站／蓮塘口岸啟用貨運通道。 3. 特區政府運輸及房屋局批准博愛醫院將打鼓嶺坪輋路原昇平學校改建為過渡性房屋近 600 伙，料將新增臨時居民 1,000 人，因本區基礎建設及生活設施等嚴重缺乏，本區居民提出強烈反對。	
2021 年	1. 1 月 13 日，打鼓嶺早上氣溫曾降至攝氏負 0.9 度。 2. 3 月 25 日，《打鼓嶺鄉志》撰編團隊簽約啟動修志工作。 3. 運輸及房屋局、博愛醫院與打鼓嶺區鄉事委員會就原昇平學校改建過渡性房屋項目達成共識，包括將用地分為兩部份發展，重建原有校舍作社區用途，並闢設多用途社區大樓、長者服務中心等社區輔助設施，惠及本鄉居民，達致互利共贏。 4. 香港特區行政長官林鄭月娥發表的《施政報告》提出了「北部都會區」發展計劃的概念。	
2022 年	1. 打鼓嶺區鄉事委員會主席陳月明當選該鄉首位立法會議員（第七屆立法會）。 2. 香港特區行政長官李家超發表其首份《施政報告》，當中強調：「北部都會區」是未來的策略發展據點，亦是驅動香港再創高峰的新引擎。	
2023 年	1. 2 月 6 日，香園圍管制站／蓮塘口岸正式啟用旅客和客運車輛的通關服務。 2. 陳月明、張天送、易渭東，分別自動當選打鼓嶺區鄉事委員會第 28 屆主席、首副主席、副主席。 3. 10 月 25 日，行政長官李家超發表《施政報告》，在「北部都會區」行動綱領宣佈：政府已重新審視北區沙嶺興建公眾骨灰安置所的計劃，原定的兩公頃土地將改為創科及相關用途；打鼓嶺區域擬作口岸商貿及產業區發展。	
2024 年	5 月 18 日，全港第一本鄉志，《打鼓嶺鄉志》刊發面世。	

顧問團隊和編撰團隊

顧問團隊

名譽顧問： 劉智鵬教授、劉蜀永教授、劉效庭校長

顧問： 莊永桓太平紳士、賴子堅太平紳士、朱鴻林教授、
張然先生

編輯委員會

主任： 陳月明女士

副主任： 林金貴先生、陳富鵬先生、張天送先生、
易渭東先生

委員： 張伙泰先生、李豪先生

撰寫書稿團隊

主編： 阮志博士

編輯： 曾家明先生

研究主任： 余嘉浩先生

研究助理： 許家朗先生、胡世姍小姐

打鼓嶺鄉志

打鼓嶺區
鄉事委員會 著

責任編輯　　寧礎鋒
書籍設計　　Kaceyellow

出　　版
三聯書店（香港）有限公司
香港北角英皇道四九九號北角工業大廈二十樓
Joint Publishing (H.K.) Co., Ltd.,
20/F., North Point Industrial Building,
499 King's Road, North Point, Hong Kong

香港發行
香港聯合書刊物流有限公司
香港新界荃灣德士古道二二〇至二四八號十六樓

印　　刷
美雅印刷製本有限公司
香港九龍觀塘榮業街六號四樓 A 室

版　　次
二〇二四年五月香港第一版第一次印刷

規　　格
十六開（190mm × 247mm）三四四面

國際書號
ISBN978-962-04-5283-3

三聯書店
http://jointpublishing.com

JPBooks.Plus
http://jpbooks.plus